D1725542

Cover: Vladimir Zotov
Lektorat: Elsa Rieger
Satz: Elsa Rieger
Druck und Bindung: createspace.com

ISBN-13: 978-1503047969
SBN-10: 1503047962

Ich sag's nur dir...

Autobiographie

Teil 2

Sehnsucht

Sie beginnt mit dem Blick in die Ferne.
Mit der leeren Straße, die am Horizont verschwindet.
Die Sehnsucht geht weiter, als dein Blick dich trägt.
Unendlich.
Vergiss nicht.
Niemanden.
Ausgangspunkt bist immer du.

Versagen war keine Option …

Irgendwann entschied ich, dass die Welt gut sei.

Ich wollte sie so sehen, wie sich mir die Personen darstellten, die ich liebte. Dinge, die dort nicht hineinpassten, wurden einfach ausgeblendet. Es gab sie nicht, obwohl ich sie sah.

Das ging mir in Fleisch und Blut über. Es war nicht einmal so, dass ich mir diese Sichtweise irgendwann ausgedacht hätte, sie ergab sich einfach so. Das entwickelte sich zu einem Teil meiner Überlebensstrategie. Die einfache Frage war, ob jemand oder etwas in meine kleine Armee passte oder nicht. Entsprechend wurde selektiert.

Dazu stand ich sozusagen in ständigem Dialog mit allen, die mir wichtig waren.

In diesem Sinne war ich ängstlich gespannt, wohin und zu wem mich mein Weg in ein anderes Leben führen würde.

Hinter mir lag der Wahnsinn. Alles wofür ich gekämpft hatte, lag nun als Möglichkeit vor mir. In irgendeiner Weise musste ich es fertigbringen, von einer Welt in die andere zu wachsen. Das würde nur gehen, wenn ich die guten Teile der einen Welt in die andere mitnehmen könnte. Ich nahm also meine Omi aus der Einfahrt, den Seemann, den Gerhard, die Tante Jänicke und meinen Vormund mit in diese andere Welt. Meine kleine Armee würde mir helfen.

Ich erinnerte mich an den Satz meines Vormundes: „Du musst früher erwachsen werden als andere." Der Satz galt nun noch mehr, als er es vorher schon getan hatte.

Herr Heuss hatte mir eine Praktikumsstelle bei einem seiner Freunde vermittelt, der ein Familienferiendorf leitete. Diese Institution bestand aus etwa zwanzig kleinen Häuschen, die finanziell schwachen Familien einen Urlaub ermöglichen sollten.

Es erinnerte mich an das Feriendorf in Jugoslawien, in dem ich mit dem Lehrlingswohnheim Urlaub gemacht hatte. In einem Haupthaus befand sich ein großer Speisesaal mit Küche und Lagerräumen, wo das Mittagessen für über zweihundert Personen eingenommen wurde. Der Leiter des Feriendorfes, Herr Holger, wohnte mit seiner Frau in einem separaten Gebäude. Ich selbst war mit einem anderen Jugendlichen in einem Häuschen auf dem hügeligen Gelände untergebracht. Der Junge hieß Harry und machte eine Lehre zum Gartenbauer. Er war technisch begabt und hatte ständig etwas zu basteln. An manchen Tagen leistete ich ihm Gesellschaft.

Zunächst mähte ich einige Wochen den Rasen oder verrichtete mit Harry einige Hausmeistertätigkeiten. Auch in der Küche und der Waschküche gab es manchmal Arbeit.

Nach einigen Wochen, der Hausmeistertätigkeit überdrüssig geworden, drängte ich darauf, in die pädagogische Arbeit eingeführt zu werden. Schließlich wollte ich ja Erzieher werden und nicht etwa Hausmeister. Tatsächlich konnte ich mich mit meinem Wunsch durchsetzen. Dem wurde zügiger entsprochen, als ich gedacht hätte und unversehens stand ich wenige Tage später etwa dreißig Kindern gegenüber, denen man die Information gegeben hatte, es würde sich ab sofort ein Junge namens James um sie kümmern.

Es war ein regnerischer Tag und wir verzogen uns in einen Nebenraum des Haupthauses.

Was tun?

Das erste Spiel in meiner, an diesem Tag beginnenden, Laufbahn als Erzieher begann damit, dass ich alle Kinder rausschickte, um – so erklärte ich ihnen – einen Pfennig im Raum verstecken zu können, den sie dann suchen sollten. Den Pfennig legte ich ganz einfach auf einen der vielen Tische, statt ihn zu verstecken und holte sie wieder herein.

Ich glaubte es kaum, doch die Kinder suchten in allen erdenklichen Winkeln und Ecken. Erst nach über einer halben Stunde hielt jemand den Pfennig in der Hand und fragte ungläubig, ob er das gesuchte Objekt sei. Dem war so. Jetzt war der Finder mit dem Verstecken des Geldstücks an der Reihe. So ging es reihum. Scheinbar war die Verblüffung über diesen simplen Trick, den Pfennig einfach auf dem Tisch zu platzieren, derart groß, dass noch einige Kinder in gleicher Weise agierten, um den gleichen Überraschungseffekt zu erzielen.

Nach dem dritten oder vierten Kind war dann klar, dass der Trick ausgereizt war. Ich fand das äußerst lustig. Der erste Tag – unterbrochen durch das Mittagessen – lag hinter mir. Immerhin, der Versuch, mich mit einem Haufen Kinder in Verlegenheit zu bringen, war gescheitert. Ich besorgte mir die Ravensburger Spielkartei, die hunderte Angebote von Spielen mit Kindern zum Inhalt hatte. Damit wurde ich sozusagen Spiele-Profi. Man durfte sich nun ab sofort darüber wundern, wie ich die Quelle meiner unerschöpflichen Ideen speiste.

Mich unversehens, ohne weitere Absprache, mit so vielen Kindern zu konfrontieren, war wohl etwas ungewöhnlich, aber ich dachte mir, das sei als Herausforderung an mich gedacht. So, als wollte man sagen, du wolltest es ja, also bitteschön.

An den sonnigen Sommertagen waren die meisten Kinder mit ihren Eltern unterwegs. Mit den Anwesenden baute ich kleine Holzhüttchen im Wald oder Staudämme am nahegelegenen Bach. Irgendwann machten mir die Gespräche mit den Kindern klar, warum sich einige mir anschlossen, statt ins Schwimmbad zu gehen. Es schien doch tatsächlich Eltern zu geben, die gar nicht daran dachten, ihren Kleinen Geld fürs Schwimmbad in die Hand zu drücken, obwohl die Eintrittspreise für sie ermäßigt waren.

Im Foyer des Haupthauses stand ein Getränkeautomat, der

Fünfzig-Pfennigstücke beherbergte. An dem bediente ich mich, um den wenigen Unglücklichen ihren Badebesuch zu verschaffen.

Das ging eine Weile so, bis ich merkte, dass sich einige nur deswegen meldeten, um an die begehrten Münzen zu kommen. Daraufhin stellte ich meine Robin Hood Ambitionen ein. Um sie reich zu machen, hatte ich das schließlich nicht getan.

Herr Holger sah mich einmal am Automaten, ging aber ohne eine Bemerkung weiter. Das war nun mehr als peinlich. Was, wenn er mich beim Herausholen der Münzen gesehen hätte? Die Selbstverständlichkeit der Handlung wich den Zweifeln. Ich machte mir Vorwürfe. War ich eigentlich verrückt geworden, die Einrichtung zu beklauen?

Ich sprach mit Herrn Heuss darüber und bekam zu hören, dass er das schon längst wusste.

„Herr Holger hat das längst bemerkt, weil Geld im Automaten fehlte. Er hat nichts gesagt, weil es nicht viel war, und du es nicht für dich ausgegeben hast. Außerdem hast du ja damit aufgehört. Warum eigentlich?"

„Die Kinder wollten mehr, als sie für das Schwimmbad brauchten. Die taten mir anfangs leid."

„Immerhin weißt du jetzt, wie es nicht geht."

Wir sprachen nicht mehr über den Vorfall, und von meinem Taschengeld füllte ich die geschröpfte Getränkekasse wieder auf. Ich hoffte, Herr Holger würde wenigstens meinen Willen zur Wiedergutmachung anerkennen.

Später kam er zu mir. „Ein paar Münzen bekommst du zurück. Du hast aus Versehen zu viel einbezahlt."

„Tut mir leid. Ich wollte nur, dass die Kinder ins Schwimmbad können."

„Mach dir keinen Kopf. Ich hatte gehofft, dass du selber merkst, was du da tust. Wie ich sehe, hast du daraus gelernt, und das ist

8

alles, was zählt."

„Ja, das war dumm von mir. Wie es anders geht, kriege ich sicher auch noch raus."

„Davon bin ich überzeugt", lachte Herr Holger.

Nun, das war ein schwerer Schnitzer, den ich mir da geleistet hatte. Er brachte mich ins Hintertreffen. Das mochte ich gar nicht.

Mit dem Harry bastelte ich immer mal an einem Mofa herum. Technisch war ich ein Volldepp, derlei Zusammenhänge konnte ich nicht begreifen. Da fehlte mir offensichtlich ein Gen. Dazu kam, dass Harry leider nicht genügte, um mir andere soziale Kontakte zu ersetzen. Er war halt kein Mädchen.

Während der Zeit dieses Praktikums ging ich oft morgens, wenn es noch dunkel war, auf einen Hochstand im Wald. Wenn ich ganz leise war, sah ich Rehe, Wildschweine und sogar einen Fasan. In einer Ecke der Lichtung hatten Jäger einen Salzblock installiert. Der lockte Säue an. In der Zeit, die ich da saß, konnte ich meine kleine Welt für mich ordnen und Dinge in Ruhe überdenken. Ein Stück heile Welt tat immer gut, selbst wenn ich in ihr allein war. Ich genoss das.

Das Praktikum ging so lange, wie ein Sommer dauert. Zum Herbst leerte sich das Dorf und ich hatte nun den ersten Schritt zu meinem Ziel gemacht. Ein halbes Jahr war vorbei und ich hatte mich bereits an einer Fachschule für Sozialpädagogik beworben.

Verantwortung ...

Auf die Schnelle war ein Schulplatz nicht zu haben. Zuvor wollte ich noch ein freiwilliges soziales Jahr absolvieren. Ich wurde siebzehn und bekam einen Arbeitsplatz, weit weg von meiner Landeshauptstadt, irgendwo in der Provinz.

Dazu war ein Umzug nötig.

In einem kleinen Ort mietete ich ein Zimmer in einem Einfamilienhaus unter dem Dach. Das Zimmer, mit einer Dusche und Toilette im Flur, teilte ich mir mit einem anderen, der ebenso ein freiwilliges soziales Jahr in der gleichen Einrichtung machte. Achtzig Mark sollte mein Monatslohn betragen. Das Zimmer kostete jeden von uns vierzig Mark. Somit hatte ich noch vierzig für anderes übrig. Essen und Trinken gab es in der Einrichtung für körperbehinderte Kinder, in der wir arbeiteten. Zu Geld hatte ich nach wie vor kein Verhältnis, sodass es egal war, ob ich nun vierzig oder vierhundert Mark gehabt hätte. Schon im Familienferiendorf hatte ich das meiste Geld verschenkt oder Kindern das Schwimmbad damit finanziert. Es war mir egal.

Im Wesentlichen kannte ich nur den Rhythmus zu arbeiten und danach heimzugehen.

Einen Fernseher hatte ich zu der Zeit auch nicht, sodass nicht viel an Unterhaltungsmöglichkeiten geboten war. Ganz selten ging ich mal in eine Kneipe und spielte Flipper, ohne ein Gespräch mit anderen zu suchen.

Der Mitbewohner meines Zimmers war ein kräftiger Typ mit langen Haaren. Er war größer als ich und ein ruhiger Zeitgenosse. Sein Name war Mario. Er war etwas älter, hatte schon einen Führerschein und fuhr einen kleinen NSU Prinz. Manchmal heizten wir damit über die Lande. Irgendwo gab es dann was zu trinken und dann ging es wieder nach Hause. Das war immer mal eine willkommene Abwechslung.

Was meine Einschätzung von Marios Körpergröße betraf, erlag ich offensichtlich meinem geringen Selbstwertgefühl. Denn viele Jahre später traf ich Mario wieder und war erstaunt, dass er mir gerade einmal bis zur Nase reichte. Er war eindeutig kleiner. Ich hatte ihn nur irgendwie größer gesehen.

Die Feststellung verblüffte mich einigermaßen. Durfte ich meiner Wahrnehmung trauen? So können sich vermutlich Komplexe auswirken. Ich hätte wohl prüfen müssen, ob ich meine damaligen Zeitgenossen alle als größer gesehen hatte, so wie Mario.

Morgens gingen alle in die Schule und wir erledigten organisatorische Aufgaben. Zum Mittagessen waren dann alle wieder da. Wir kümmerten uns um Hausaufgaben und Dinge, die für die Betreuung nötig waren. Da gab es wahrlich genug zu tun.

Die Arbeit in dem Heim für körperbehinderte Kinder war Schwerstarbeit. Ich selbst wog zweiundsiebzig Kilo und war ein Meter vierundachtzig groß. Die Kinder und Jugendlichen waren zwischen zwölf und sechzehn Jahre alt.

Zwei Vierzehnjährige hatten Muskelschwund und wogen um die achtzig Kilo. Die musste ich oft von ihrem Zimmer etwa zwanzig Meter über den Flur ins Bad tragen, weil es noch schlimmer gewesen wäre, sie vom Bett in den Rollstuhl und dann aus dem Rollstuhl noch einmal in die Wanne heben zu müssen. Dabei hätte ich mir auf Dauer das Kreuz verhoben. Also lieber nur einmal stemmen und ein paar Meter tragen.

Gefährlich war das, wenn sie noch nass waren. Da kam ich schon vor Angst, sie könnten mir durch die Arme rutschen, schweißgebadet am Ziel an. Hilfsmittel für die Transporte über die Flure gab es nicht. Das Schwierigste war das Prozedere, sie für die Nachtruhe in die richtige Position zu legen. Das konnte mitunter eine halbe Stunde dauern, doch wenn man sehr gründlich daran arbeitete, zahlte es sich mit einem erholsamen Schlaf für die beiden aus. Da durfte keine Falte des Lakens unter dem Körper sein. Die richtige Position der Beine und Arme sowie des Oberkörpers musste so lange korrigiert werden, bis sie keinerlei Behinderung mehr verspürten. Manchmal ging es dabei um Millimeter.

Die zwei konnten sich, bis auf die Finger, nicht bewegen und mussten so, wie man sie bettete, die ganze Nacht aushalten. Erst wenn das Okay von ihnen kam, konnte man gute Nacht wünschen. Da hieß es äußerste Sorgfalt walten zu lassen. Traurig war zu wissen, dass die armen Kerle durch ihre Krankheit nur eine sehr kurze Lebenserwartung hatten.

In einer Nacht wachte ich mal auf und glaubte plötzlich, einen der Jungs auf der Toilette vergessen zu haben. Sicher war ich nicht. Hatte ich? Hatte ich nicht? So wälzte ich mich in meinem Bett hin und her. Es half alles nichts. Ich musste mich überzeugen, ob da noch jemand auf dem Klo saß. Nun wollte ich auch nicht, dass – wenn dem so sein sollte – jemand meinen möglichen Fehler bemerken könnte. Das wollte ich mir nicht riskieren. Also legte ich mitten in der Nacht einige Kilometer Fußmarsch Richtung Behindertenheim zurück.

Was musste ich dort sehen? Natürlich hatte ich niemanden vergessen. Also ging es wieder zurück in meine Heia. Ich schlief tief und fest. Mario schnarchte vor sich hin und ließ den lieben Gott einen guten Mann sein.

Insgesamt waren die Kinder und Jugendlichen gut aufgestellt und wir hatten viel Spaß miteinander. Ich lernte Rollstuhl fahren, Pirouetten damit zu drehen und auf zwei Rädern herumzurollen. Auch lieferten wir uns einige Rennen auf den rasenden vier Rollen. Das machte richtig Laune.

Einer der älteren Jungs, mit einer furchtbaren Rückenver-krümmung, forderte mich morgens regelmäßig auf, ihm einen runter zu holen. Der lag immer da und konnte selbst nicht Hand anlegen, da die Arme ebenso verkrümmt waren wie sein Rücken, und er auch die Finger kaum bewegen konnte. Damit er überhaupt im Rollstuhl aufrecht sitzen konnte, musste ich ihm ein stabiles Korsett anziehen, um den Oberkörper in aufrechter Haltung zu fixieren. Er konnte dann gerade noch den Joy Stick an dem elektrischen Rollstuhl mit den Fingerspitzen betätigen.

Nun lag er also regelmäßig mit einer tierischen Latte im Bett und ich hatte Mühe, die Unterhose darüber zu ziehen.

„Los, greif einfach zu. Du weißt doch, wie das geht."

„Ich weiß, wie das geht. Ich weiß aber auch, was nicht geht."

Das ging fast jeden Morgen so. Er tat mir leid, aber was er sich vorstellte, war so natürlich unmöglich.

„Nein, das mag ich nicht. Andere haben das gleiche Problem. Mich hat außer dir zum Glück noch keiner aufgefordert, ihm einen runterzuholen. Da müsste ich ja hier von Bett zu Bett. Wie stellst du dir das vor? Am Ende bauen wir eine Art Melkmaschine für alle, die Druck auf der Pfeife haben."

„Du musst es ja nur bei mir tun."

Da musste ich schon mal lachen. Immerhin ging der Junge sehr offensiv mit seinem Problem um, das hatte etwas Herzerfri-schendes.

„Vielleicht gibt es eine andere Lösung. Ich werde mir etwas überlegen. Okay?"

„Mach aber schnell!"

Der hatte es ganz schön eilig.

Wir hatten einen älteren Pfleger in der Gruppe, dem ich am Anfang zuschaute, wie er die Jugendlichen badete. Schließlich waren wir, im Gegensatz zu Frau Graf, auch „untenherum" für die nötige Hygiene verantwortlich. Das brachte mich anfänglich einigermaßen in Verlegenheit, die sich aber bald legte. Der Pfleger machte es nicht anders, als es wohl auch jeder bei sich selbst getan hätte. So lernte auch ich, diese Tätigkeit routiniert zu erledigen.

Nicht alles ist erlaubt ...

Eines Tages erfuhr ich, dass die Jungs wegen der vielen Rollstühle kaum aus dem Haus gekommen waren und in der nächsten Zeit nicht absehbar war, wann das mal wieder sein würde.

Einige Kilometer weiter gab es eine Burg, zu der ich mit meiner Gruppe fahren wollte. Ich besprach das mit der Heimleitung und erhielt die Erlaubnis dazu. Es war meinem jugendlichen Leichtsinn geschuldet, mit elektrischen Rollstühlen ausgerechnet eine Burg als Reiseziel anzupeilen.

Zunächst kaufte ich Fahrkarten für eine kleine Zugfahrt. Die Karten waren etwas günstiger als normal, weil wir nur im Viehwaggon mitfahren konnten. Mir sollte es egal sein.

Ich hatte noch ein Problem zu lösen, das ich meinem lockeren Mundwerk zu verdanken hatte. Versprochen war versprochen und ich hielt mich an Vereinbarungen, selbst wenn ich mich dabei verbrennen würde.

Nach einigen Telefonaten fand ich ein dienstbares Mädel aus dem horizontalen Gewerbe, das bei Ankunft des Zuges – so versprach sie mir – an der Bahnhofstoilette auf mich und den Jungen, den ich ihr beschrieben hatte, warten würde. Die Fahrt ging los.

Drei elektrische Rollstühle, vier normale Rollstühle und ich. Am Reiseziel stiegen wir aus. Da wurden Bohlen ausgelegt, der Schaffner half, so gut er konnte, aber insgesamt war die Sache schon ziemlich umständlich. Probleme waren jedoch dazu da, dass man sie löst. Die Stimmung war gut und wirklich stand ein aufreizendes Mädel vor der Toilette. Ich sprach den Jungen an, der mir das unsittliche Angebot gemacht hatte, Hand bei ihm anzulegen.

„Du musst auf die Toilette. Komm, ich helfe dir."

„Nein, ich muss nicht. Von mir aus können wir gleich los."

„Erinnerst du dich, was ich dir machen sollte?"

„Ja, warum so plötzlich?"

„Nicht ich, du Dussel. Schau mal, wer da steht."

Der Junge traute seinen Augen nicht. Das Mädel zwinkerte ihm zu und lächelte ihn an.

„Meinst du das ernst?"

„Willst du nun oder willst du nicht? Ich habe dir eine Lösung versprochen. Da steht sie und wartet auf dich."

Er wollte.

Ich entschuldigte mich bei den anderen und verschwand mit Peter in der Toilette. Das Mädel folgte uns. Es war etwas schwierig, den Jungen in eine Position zu bringen, damit etwas möglich war, aber erstaunlicherweise ließ der sich durch nichts beirren, wie man eindeutig sehen konnte.

„Viel Spaß", sagte ich und wartete vor der Tür, hörte aber, dass da drin einiges vor sich ging.

Nach einiger Zeit kam das Mädel aus der Toilette.

„Mal was anderes", sagte es.

„Würdest du das wieder tun?"

„Solange du dafür zahlst."

„Ich erkläre dich zur Mitarbeiterin des Jahres."

Die Idee schien ihr zu gefallen, denn sie lachte. Fünfzig Mark wechselten den Besitzer und ich zog den Jungen wieder an.

Einen glücklicheren Menschen hätte es nicht geben können.

„Das werde ich dir nicht vergessen", sagte er begeistert.

„Ich möchte, dass du genau das tust. Vergiss es bitte und erzähle ja keinem davon. Du darfst nur deinen Enkelkindern davon berichten, sonst bin ich geliefert."

Das durfte man ja keinem erzählen und so verpflichtete ich Peter zum Schweigen. Das tat er dann auch freundlicherweise. Nach einigen Überlegungen hätte man die Aktion, aus meiner Sicht, zur Dauereinrichtung machen können. Das hätte mir das schlechte Gefühl erspart, mich verschämt in irgendwelchen Bahnhofstoiletten herumdrücken zu müssen.

Wir befanden uns immerhin in einer katholischen Einrichtung.

Das Heim wurde durch einen sehr netten Pfarrer geleitet. Auch Nonnen waren zugegen, die aber nicht in unserer Gruppe arbeiteten.

Sehr oft durfte ich mittags mit diesem Pfarrer und seinen Nonnen in einem separaten Raum am Essen teilnehmen. Das hatte aus meiner Sicht etwas Erhabenes.

Im Raum standen sehr alte Möbel aus Eiche auf Parkett, wir setzten uns um einen runden Tisch, den eine schneeweiße Leinentischdecke zierte. Ein kurzes Gebet und dann hörte man nur noch das leise Sandalengeklapper der dienstbaren Nonnen, die das Essen auftrugen, oder das Geräusch des Bestecks auf den Porzellantellern. Der Pfarrer hatte mich auserkoren, an dieser Tafel zu speisen. Ich sah nie einen anderen der Praktikanten oder Mitarbeiter in dieser Runde. Das erinnerte mich an eine Geschichte, die ich mal gelesen hatte.

Darin ging es um einen elternlosen Jungen, der vor einem Kloster abgelegt wurde. In diesem Kloster wuchs er auf und schloss sich einem Mönch an, der sich besonders um ihn kümmerte. Dieser wohlbeleibte Mönch arbeitete in der Küche und kochte dem Buben ab und zu dessen Lieblingsessen. Welcher Art das Lieblingsessen war, ließ sich an dem Namen ablesen, den der Bub dem Mönch gegeben hatte. Er hieß Bruder Grießbrei.

Ich sah an dem neben mir sitzenden Pfarrer hoch, der eine ähnliche Figur wie Bruder Grießbrei hatte. Was ich sah, gefiel mir. Das Essen schmeckte phantastisch.

An einer gewissen Stelle des Raums gab es leises Knarren des

Parketts, ansonsten blieb alles ruhig.

Mit der Stoffserviette noch den Mund abwischen und weiter ging die Arbeit. Ich liebte das. Es gab mir das Gefühl, wichtig zu sein und an einem besonderen Ritual teilhaben zu dürfen. Das hatte was. Schau an, bei dem Gedanken an Peter und sein kleines Abenteuer war ich auf den Pfarrer und die Nonnen gekommen, denen man solche Dinge besser nicht erzählte.

Nach wie vor befand ich mich doch mit den Kindern auf der Anhöhe zur Burg, die wir besichtigen wollten. Auf halber Strecke stiegen zwei elektrische Rollstühle aus. Ich hatte nicht die geringste Ahnung gehabt, wie schwer es war, einen inaktiven elektrischen Rollstuhl schon auf der Ebene zu schieben, geschweige denn einen Berg hinauf, mit achtzig Kilo Gewicht darin. Wir wurden von fröhlichen Wanderern überholt, es wurde gescherzt, aber keiner half. Ich schwitzte Rotz und Wasser.

Nach knapp zwei Stunden hatte ich beide Rollstühle nach oben geschafft. Das Wasser lief mir den Arsch hinunter. Die gute Stimmung hielt aber an und wir trieben uns einige Stunden um die Burg herum. Ich kam wieder zu Kräften. Ich musste beim Anblick von Peter lachen. Er schlief tief und fest. Während der ganzen Zeit dachte ich an die beiden Rollstühle und fürchtete bereits, wie sie mit mir den Berg hinunter rasen würden. Runter ging es so, dass ich von beiden Stühlen jeweils einen Griff in der Hand hielt. Wenn auch die Mechanik des Stuhls bremste, musste ich doch aufpassen, dass nicht etwa durch das Eigengewicht eine Beschleunigung zustande kommen würde, die ich nicht mehr hätte bewältigen können.

Am Bahnhof unten war ich genauso nassgeschwitzt wie auf dem Berg oben. Nun wusste ich, warum die Burschen so selten raus kamen. Klar, dass Peter am nächsten Morgen wieder das gleiche

Problem hatte, aber da war er nicht der Einzige. So wie er mich ansah, konnte ich nur noch sagen: „Frag erst gar nicht."

Freundlicherweise tat er es dann auch nicht mehr. Ich hatte Angst, die Geschichte noch einmal zu wiederholen, sodass Peter, solange ich dort war, leider nicht mehr zu seinem Recht kam.

In einer Nacht träumte ich, dass ich mit einem der älteren Jugendlichen meine Kräfte im Armdrücken maß. Das entwickelte sich fast zum Alptraum. Je mehr ich drückte, desto stärker wurde der Unterarm meines Gegners. Sein Bizeps schwoll unnatürlich an und er drohte, mich unter seinen Rollstuhl zu drücken. Das durfte ich auf keinen Fall zulassen. Im Traum entwickelte ich ihm gegenüber plötzlich unglaubliche Energie, sodass ich ihn mitsamt dem Rollstuhl zur Seite schleuderte. Da lag er nun in der Ecke und die Räder des Rollstuhls drehten sich in der Luft. Der arme Kerl lag hilflos daneben. Mein schlechtes Gewissen begleitete mich noch den ganzen nächsten Tag und ich konnte dem Jungen kaum in die Augen schauen.

Zu Sylvester kam ich in den Schlafraum, in dem mehrere Jugendliche mit etwas beschäftigt waren, ohne dass ich sehen konnte, was ihre Aufmerksamkeit so gefangen nahm. Mit dem Rücken zu mir waren sie über einen Rollstuhlfahrer gebeugt, der irgendetwas auf dem Schoß hielt. Das wollte ich sehen.

Es handelte sich um eine große Stahlkassette, voll mit Krachern und Böllern. Zunächst also nichts Ungewöhnliches.

Ich wollte mich schon abwenden, als der Junge mit der Kassette auf dem Schoß mit seinen krummen Fingern ein Streichholz entzündete. Eigentlich hörte ich nur das Geräusch des entflammten Streichholzes und drehte mich um. Jetzt ging es um Sekunden. Das Streichholz fiel in die Kassette. Ich sprang auf den Rollstuhl zu, entriss dem Jungen die Kassette, schlug den Deckel zu und warf sie durch das geschlossene Fenster nach draußen. Keine Sekunde zu früh! Die Kracher explodierten, noch während die Fensterscheibe zu Bruch ging. Himmel, das gab Schläge! Die Kiste knallte draußen auf den Boden und noch immer explodierten einige der Böller.

Der Schreck saß uns noch einige Zeit in den Knochen. Etliche Gesichter wären heute wohl unkenntlich und dem Zündler würden einige Finger fehlen, wenn ich nicht so schnell reagiert hätte. So konnte man zum Lebensretter werden. Das Bild von den sich in der Luft entzündenden Krachern habe ich heute noch vor Augen. Es war äußerst eindrucksvoll.

Wir feierten Fastnacht mit allen Kindern des Heims. Durch die tausend verschiedenen Behinderungen und Altersgruppen war das schon eine logistische Meisterleistung, aber alle zogen an einem Strang. Da unterschied sich sonst wenig von dem, was die sogenannte gesunde Bevölkerung auch tat. Mich begeisterte die Unbekümmertheit, mit der diese Kinder ihr Leben meisterten, und ich entwickelte über sie ein anderes Weltgefühl, auch für mich selbst. Von den eigenen Problemen war ich so abgelenkt, dass mir erst später auffiel, dass ich längere Zeit nicht einmal an Mädels gedacht hatte. In dem Punkt war ich auf Peter ein bisschen neidisch, aber auch das verging schnell wieder.

Im Haus gab es eine kleine Bibliothek, in der man sich Bücher ausleihen konnte. Entsprechend der Altersgruppe des Heims stand dort unter anderem alles Mögliche an Märchenbüchern. Die begann ich zu lesen. Hauffs Märchen, die der Gebrüder Grimm, russische Märchen und sogar einige orientalische Verfasser.

Die russischen schienen mir noch ein Stück härter als die deutschen. Die Orientalen waren süßlicher und verträumter. Bei allen schien mir allerdings das Ende meist erlogen.

Die Geschichten selbst hatten viele moralische Aspekte und

einen großen Wahrheitsgehalt, bis auf das Ende: „Und sie heirateten und waren glücklich bis an ihr Lebensende." Da heiratete Aschenputtel den Prinzen, Schneewittchen wurde zum Leben erweckt oder eine andere schüttelte Betten bei Frau Holle. In kaum einer Geschichte fand man mütterliche Mütter oder väterliche Väter. Da wurden Kinder allein in den Wald geschickt, um eine Großmutter zu füttern, um die sich die Eltern der Kinder nicht selbst kümmern wollten, selbst auf die Gefahr hin, dass der Wolf sie fraß. Bei Rotkäppchen fiel mir mein alter Seemann in seinem kleinen Zimmer wieder ein, dem ich so oft Essen brachte.

In einem anderen Wald sollten Kinder der Hexe zum Opfer fallen oder sie mussten als Aschenputtel Erbsen sortieren. Bei den Russen wurden oft Naturgeister und Riesen zum Feind der Menschen. In der Übersetzung auf die Realität stimmten die Geschichten mit dieser zu einem hohen Teil mit der Wahrheit überein, aber nur, wenn man das Ende wegließ.

Mit der Bibel verhielt es sich ähnlich. Die wundersamen Heilungen, die Speisung der Zehntausend, der Marsch über das Wasser und derlei Dinge mehr.

Klar, das Ende der Geschichten soll natürlich die Härten der wahren Begebenheiten erträglich machen. Soweit leuchtete mir das schon ein. Nur glauben musste man das ja nicht unbedingt. Nichtsdestotrotz ist die Welt der Märchen faszinierend. Sie beschrieben allesamt die Tiefen und Höhen der menschlichen Seele. Die Bibel öffnet der Phantasie die Möglichkeit einer phantastischen und perfekten Welt, die – als angedachtes Ziel – absolut ihren eigenen Reiz entwickeln konnte. Mir schien allerdings, dass die Latte des Anspruchs derart hochgelegt wurde, dass die wohl keiner überspringen würde.

Schade, dass dadurch eher die Unmöglichkeit eines solchen Vorhabens aufgezeigt wurde.

Nein, an diese Heiligkeit würde ich sicher nicht herankommen, und ich entwickelte auch keinen Ehrgeiz dafür. Bei Kindern sah man anhand ihrer Lieblingsmärchen, wo sie in ihrer Erlebniswelt ungefähr zu Hause waren. Ganz ähnlich, als wenn sie ein Bild malten, aus dem etwas herauszulesen war. Das galt auch für Erwachsene. Lieblingsmärchen, Spielfilme, Träume, Lieder sowie Namensgebungen sagen etwas über die individuelle Befindlichkeit des Menschen aus.

Neben allem, worüber ich nachdachte, kam aber der Spaß nicht zu kurz.

Bei einer Fahrt mit Marios Auto verriss er das Lenkrad, sodass wir mit der Schnauze des Wagens an eine Wand knallten. Vorne war alles zerknautscht, aber das Gefährt setzte sich wieder brav in Bewegung. Das Lustigste nach diesem Knall passierte, als Mario bei einbrechender Dunkelheit das Licht einschaltete. Nach vorne war nicht viel zu sehen. Als wir allerdings unter einer Brücke durchfuhren, sahen wir die Scheinwerfer die Decke des Tunnels ausleuchten. Beide Lichter strahlten exakt im gleichen Winkel, als sei das Auto so konstruiert, dass man ausschließlich Tunneldecken ableuchten konnte. Ein Tunneldeckenableuchtauto hatte es bisher noch nicht gegeben! Ich lachte mich fast krank.

Wir suchten im Dunkel vor uns vergeblich das Licht der Scheinwerfer, aber da war nichts. Stattdessen verfügten wir nun über diese kühne Konstruktion. Je mehr ich lachte, umso stinkiger wurde Mario auf mich. Ich fürchtete schon, dass er mir irgendwann eine knallen würde. Wahrscheinlich hätte ich das in dem Moment nicht einmal gespürt.

Ich konnte und konnte nicht aufhören, mich zu amüsieren.

„Da vorne kommt wieder eine Brücke! Fahr langsam, das wollen wir genießen!"

„Du kannst mich am Arsch lecken!", kam zurück.

Das war eine der lustigsten Spritztouren, die ich mitgemacht hatte. Wir landeten in unserem Zimmer, und im Bett musste ich noch immer lachen. Der schöne NSU Prinz war nun eine Prinzessin mit wunderschönem Augenaufschlag. Mario tat mir natürlich leid.

Sicher gab es noch etliche Begebenheiten in diesem Jahr, aber meine dürftigen Aufzeichnungen geben nicht mehr her als das bisher Geschilderte. Trotzdem erinnere ich mich, dass es ein erfolgreiches und befriedigendes Jahr für mich war. Ich habe ein Stück Seelenfrieden gefunden.

Hauptsache, der Lohn stimmt …

Nun sollte es mit der Ausbildung weitergehen und bis dahin musste ich mir meinem Lebensunterhalt verdienen. Außer meinen Schulabschlüssen konnte ich beruflich nichts vorweisen. Da bot sich vorübergehend wohl nur eine Tätigkeit als Hilfsarbeiter an. Das freiwillige soziale Jahr neigte sich dem Ende zu. Ein Schulplatz war noch immer nicht in Aussicht, aber der Wille, den Beruf des Erziehers zu ergreifen, stand unerschütterlich fest. Es hatte mir gut getan, soziale Verantwortung zu übernehmen. Ich kann nur jedem Unsicheren und Wankelmütigen empfehlen, so ein Jahr zu nutzen.

Da fiel ein großes Stück Unsicherheit ab und wurde durch ein Stück Selbstbewusstsein ersetzt. Wer gibt, bekommt auch etwas. Wie hatte Herr Michel in dem Burschenhaus zu mir gesagt? „Lernen ist nie einseitig." Recht hatte er!

Ich verabschiedete mich von meinem Bruder Grießbrei, den Nonnen und den Kindern.

Marios Auto war repariert und er fuhr mich mit meinem Köfferchen zum Bahnhof, Richtung meiner Landeshauptstadt. Warum musste Abschied immer so verdammt wehtun?

In der Stadt nahm ich ein kleines Zimmer mit Bad im Flur, so wie ich es etwa mit Mario geteilt hatte.

Das Geld würde ich mir in einer Altpapierhandlung verdienen, die ich schon vom Lehrlingswohnheim her kannte. Da hatte ich in den Ferien schon manchmal Altpapier in Gitterboxen gestapelt. Die Tätigkeit erforderte keine großartigen Kenntnisse. Es gab lediglich Zeitungs- und normales Papier von Hochglanzseiten zu trennen und jeweils in den Boxen zu stapeln. Eine Presse drückte die Stapel zusammen und wickelte ein Kunststoffband darum. Bisher hatte ich, wie die anderen auch, das Hochglanzpapier von dem anderen getrennt und mit dieser Sorte eine Box gefüllt. Das Hochglanzpapier landete dann erst einmal auf der Seite. Pro Box gab es zwanzig Mark. Es dauerte etwa eine bis anderthalb Stunden, um eine zu füllen. Ein guter Verdienst. An Geldmangel litt ich also nicht. Allerdings war es manchmal eine richtige Sauerei. Je nachdem, was da in den Zeitungen steckte, konnte das auch mal richtig eklig werden.

Abends ging ich durch die Stadt und an einem Wochenende besuchte ich mal das Lehrlingswohnheim.

Hennig wohnte inzwischen in einer Wohngemeinschaft. Der Kister war noch da und freute sich, mich zu sehen. Ich hätte ihm gerne noch einmal meine Wut über seine Feigheit bei meiner Verlegung um die Ohren gehauen, aber stattdessen erzählte ich ihm von dem Praktikum und dem freiwilligen sozialen Jahr. Er freute sich für mich und beglückwünschte mich zu meinem Willen, die Sache durchzuziehen. Natürlich lud er mich abends auf eine Mischung in der kleinen Kneipe ein, aber ich blieb nach wie vor bei Limo und Cola. Auch den Jos Place gab es noch. Bei seinem Anblick dachte ich natürlich daran, wie er mir die sogenannte schwarze Musik nähergebracht und mich dafür begeistert hatte. Jo erinnerte mich an alles, was in meiner Vergangenheit gut gewesen war. Ihn so anzusehen und daran zu denken, weckte in mir sentimentale Gefühle.

Ich dachte an Monika, die Tochter von Herrn Kister. Entsprechend musste ich wohl geschaut haben.

„Freust du dich nicht, mich zu sehen?"

„Doch, doch. Natürlich freue ich mich."

Er umarmte mich. Er sah noch genauso aus, zog wie immer an seiner Pfeife und strahlte eine Ruhe und Ausgeglichenheit aus, die ich damals schon bewundert hatte.

25

Jo war Blues und Soul zugleich. Er hätte genauso gut Ray Charles heißen können. Er legte eigens für mich ein paar Lieder auf. Die Zeit zwischen damals bis zu diesem Zeitpunkt war nie dagewesen. Zu späterer Stunde holte ich Herrn Kister vorne aus der Kneipe und brachte ihn ins Lehrlingswohnheim. Ich musste schlafen, um auf der Arbeit fit zu sein.

Das ging ein paar Wochen so und schließlich erhielt ich per Post die Aufnahmebestätigung einer Schule für Sozialpädagogik in einer Großstadt, unweit meiner Landeshauptstadt.

Ich war immerhin schon Mitte siebzehn und sollte Anfang des nächsten Jahres meine Ausbildung beginnen. Das war eine aufregende Neuigkeit! Tage später suchte ich mir bereits ein Zimmer in der Nähe dieser Stadt und der Altpapierhändler besorgte mir eine Arbeit bei einem seiner Freunde.

Was für eine Arbeit!

Vor einer riesigen Halle lagen unzählige Drahtrollen, die zu Maschendrahtzäunen verknüpft wurden. Hinter einer ungefähr zehn Meter langen Stahlbank wurden die Drahtrollen aufgeschichtet und die Drähte, wie in einer großen Weberei, einzeln durch Löcher über die Stahlbank gelegt. Die Distanz zwischen der Stahlbank und etwa dreißig nebeneinander liegenden Drahtrollen, die dahinter aufgereiht waren, betrug etwa zwei Meter. Nun wurden die Drähte über die Bank gezogen und mit einem ohrenbetäubenden Knall allesamt über Kreuz miteinander auf der Bank verdreht, sodass der Maschendrahtzaun Form annahm. Dabei spritzte Fett und Öl und ich sah abends aus, als sei ich einer Sardinendose entstiegen.

Zumeist war ich allein, da es nur darauf ankam, die Drahtrollen aufzuschichten, das Einfädeln zu erledigen und den Vorgang zu überwachen. Wenn sich die Drähte verhakten, hielt ich die Maschine an und korrigierte den Vorgang. An manchen Tagen dachte ich, ich sei im achtzehnten Jahrhundert gelandet. Das Bild mit der versifften Halle, die Fettlachen auf dem Boden und dieses gigantische Stahlross, das ich bändigen musste. Mit der Zeit hätte ich taub und vielleicht und blind werden können, weil immer wieder mal irgendwelche Flüssigkeiten die Augen trafen.

Ab und zu ließ sich der Chef blicken. Das war ein ungebildeter grobschlächtiger Kerl, der das Letzte aus mir und seinem krachenden und röchelnden Stahlmonster herausholte. Meist hatte er eine bis zum Boden reichende Gummischürze und Gummistiefel an, mit denen er auf dem ungepflegten und matschigen Hof herumstapfte. Wo der tagsüber herumkrebste, sah ich kaum. Wenn eine neue Drahtlieferung von mir abgeladen wurde, überwachte er die Menge und gab Anweisungen, wohin was gehörte.

Nach drei Monaten wusste ich, was ich nicht mehr wollte. Meinem Altpapierhändler konnte ich für diese Vermittlung nicht gerade dankbar sein. Eigentlich war ich eher sauer auf ihn. Ich hatte auch in dieser Drahtfirma gut verdient. Das konnte aber auch nicht alles sein, was man vom Leben verlangen durfte?

Ich verließ das achtzehnte Jahrhundert und widmete mich der Neuzeit.

Die bestand aus einer Tätigkeit auf dem Bau.

Hermann – ein ehemaliger Mitzögling aus dem Lehrlingswohnheim – traf mich zufällig eines Abends in einer Kneipe, in der ich immer wieder mal Flipper spielte oder anderen beim Billardspiel zuschaute. Da wurden sogar Billardmeisterschaften im französischen Billard mit drei Kugeln ausgetragen.

Da konnte ich stundenlang zuschauen.

Hermann war ein Ochse von einem Kerl. Er war das, was man einen Naturburschen nennt. Um einiges größer als ich und nicht ein Gramm Fett. Blond und Muskeln ohne Ende. Er hatte ein sehr einfaches Gemüt und sprach wenig.

„Was machst du hier, James?"

„Ich habe hier im Ort bis gestern in einer Drahtfabrik gearbeitet. Die Arbeit macht krank und blöd im Kopf. Ich habe damit aufgehört."

„Wir suchen noch Leute auf dem Bau. Da kannst du gut verdienen. Stahlbetonbau im Akkord, da gibt es richtig Geld. Hast du Lust?"

Klar hatte ich Lust!

Dörfliche Idylle …

Alles war besser als das Getöse und die Fettbäder in der Halle.

„Ich komme mit, aber ich brauche eine andere Unterkunft."

„Du kannst bei mir wohnen."

Damit war es entschieden. Ich hatte noch fünf Monate bis zu meinem Schulplatz.

Hermann wohnte in einem Raum eines ansonsten leerstehenden Bauernhofes. Das war der einzige Raum, in dem noch ein Kohleofen stand, der beheizbar war. Tapeten von vor dreißig Jahren, ein Linoleumboden und ein Bett. Eine Glühbirne ohne Lampenschirm baumelte traurig von der Decke und gegenüber dem Bett stand ein riesiges Sofa mit einem Tisch davor und ein paar Stühlen dahinter.

„Wo soll ich hier schlafen?"

„Auf dem Sofa."

Nun ja, so richtig komfortabel war das nicht, aber es könnte mir helfen, Geld zu sparen.

Am Abend gingen wir in die Kneipe im Ort. Dort stand auch ein Billardtisch, allerdings für amerikanisches Billard. Rundum Tische und eine Theke. Hermann trank Bier und ich widmete mich meiner Cola.

Das Dorf zählte nur wenige hundert Leute. Dem Kneipier gehörte noch eine Disco, die am Dorfrand lag, und außerdem handelte er mit Eiern. Die Woche über fuhr er die Eier aus und am Wochenende betrieb er die Dorfdisco.

Er hatte zwei Töchter in unserem Alter, die leider hässlich waren. Also nichts, worüber ich nachzudenken hätte. Das behielt ich allerdings für mich, weil Hermann wohl ein Auge auf eine der beiden Dorfschönheiten geworfen hatte. Zumindest suchte er ihre Nähe, ohne dass er sie jemals wirklich angesprochen hätte.

Ich hörte von ihm einmal, dass er noch nicht einen Stich in seinem Leben gemacht hätte. Er war in der Beziehung wie ein Kind.

Nur das Mädel nicht ansprechen, sie könnte ja herausfinden, welch schmutzige Gedanken – sie betreffend – er mit sich herumtrug.

Das Dorf wurde durch eine Landesgrenze geteilt, die genau über die Brücke eines Baches lief. Ständig gab es Rivalität zwischen der einen und der anderen Seite dieser Brücke und damit in den jeweiligen Dorfhälften.

Morgens um fünf Uhr fuhr auf unserem Hof ein VW Bus mit Bauarbeitern vor und sammelte uns ein. Mit dem ging es dann auf die Baustelle. Je nachdem, wo sich die Baustelle befand, fuhren wir eine Stunde oder auch länger zum jeweiligen Arbeitsplatz.

Fundamente wurden erstellt, Stahlträger aufgerichtet und die dafür vorgefertigten Betonwände eingelassen. Darauf kamen dann die Dachkonstruktionen aus Stahl und zuletzt Bleche obendrauf.

So sahen etwa die Hallen aus. Ziemlich trist, aber funktional. Meist stand ich in den ausgegrabenen Fundamenten und montierte Stahlbewehrungen für die Betondecke der Hallenböden und Aussparungen für die aufstehenden Träger der Wände. Dazu gehörten auch Schalungen für einen Betonsockel, auf dem dann die, zwischen den Stahlträgern eingeschobenen, Wände aufsaßen. In diesem Sommer hatten wir ständig um die dreißig Grad.

Wenn nun der Beton kam und sich beim Trocknen noch aufheizte, konnte die Temperatur zwischen den betongefüllten Schalungen mühelos auch mal die vierzig Gradmarke knacken. Das Wasser lief einem dann über Rücken und Hintern in die Stiefel.

Den ganzen Tag über gab es Apfelwein mit Sprudel. Schorle nannte sich das. Dieses Getränk begeisterte mich aber wenig. Es schmeckte schlicht sauer. Manchmal wusste ich nicht, ob die Hitze oder die Schorle oder etwa beides zusammen einen gewissen

Schwindel bei mir hervorriefen. Ich stellte um auf Wasser. Siehe da, die Schwindel nahmen ein Ende. Man sollte ja alles ausprobieren. Dann erst konnte man mit Sicherheit sagen: Danke, nein.

Also, trinkfest waren die Brüder auf dem Bau. Da gab es kein Vertun.

Hermann hatte den anderen erzählt, dass ich auf einen Schulplatz warte und die Arbeit auf dem Bau nur ein Übergang für mich sei.

Ab dem Moment ging es nur noch: „He Schlauer, hol mal Frühstück!"

Der Schlaue sollte merken, dass auch der Bau gewisse Ansprüche stellte und man dort schon verdammt klug sein musste, um die Arbeit zu meistern. Ich respektierte das und fügte mich den kleinen Schikanen.

Hermann sagte immer: „Mach dir nichts draus, die meinen das nicht so."

Tatsächlich dachte ich, wie blöd die sein müssen, mich ständig zum Frühstückholen zu schicken und damit meine schweißtreibende Arbeit zu übernehmen. Ich konnte leichten Fußes zum jeweiligen Bäcker oder Metzger marschieren, lernte Land und Leute kennen und erlebte allerlei Kurzweiliges.

Es stellte sich heraus, dass einige tatsächlich zu blöde gewesen wären, für bald zwanzig Arbeiter die Liste der Bestellungen und die unterschiedlichen Geldsummen, die einem dazu in die Hand gedrückt wurden, im Griff zu haben. Stattdessen durften die mich dann blöd schimpfen. Gut. Wenn darin ihr Gewinn lag, sollte es mir recht sein. So hatten wir alle etwas davon.

Moka ...

In der Disco sah ich ein Mädchen. Ich hatte das Gefühl, dass sie auch mich bemerkt hatte, und brachte ihr eine Cola. So etwas Hübsches hatte ich schon viel zu lange nicht mehr gesehen. Dunkelbraune, große Augen, schwarze Haare und schlank.

„Darf ich dich einladen?"

„Gerne."

Wow, das ging ja flott! „Wie heißt du?", fragte ich.

„Moka."

„Moka? Ist das die Abkürzung für Monika?"

„Nein, das ist ein Zigeunername."

„Du bist Zigeunerin?"

„Ja, ist das schlimm?"

„Aber nein, du bist so hübsch, du darfst von mir aus alles sein, was du möchtest."

Wie die mich anschaute, das hatte was.

„Ich möchte gerne eine Prinzessin sein."

Zu dem Thema konnte ich doch etwas beitragen.

„Das trifft sich gut. Ich bin der Sohn eines Königs. Du könntest meine Prinzessin sein."

„Echt? Deine Familie ist adlig?"

„Nein, nicht wirklich, aber mir hat mal jemand erklärt, dass ich der Sohn eines Königs sein könnte."

So ein hübsches Lachen. Das Mädchen gefiel mir von Minute zu Minute besser und besser.

Irgendwann in der Nacht trennten wir uns. Ein zaghaftes Küsschen zum Abschied und danach ging ich mit weichen Knien durchs Dorf zu unserem Hof.

Es roch so, wie ich es aus meinen Kindertagen kannte.

Das Vieh, der Rauch aus den Kaminen und die kalte Nachtluft. Moka, Moka, was machst du mit mir?

An einem Wochenende lernte ich einige Burschen aus dem Dorf kennen. Einer bildete sozusagen die geistige Speerspitze und hieß ausgerechnet Henry. Henry hatte lange Haare, war stämmig und immer gut drauf. Ich merkte schnell, dass der mehr im Kopf hatte als die meisten.

„Machst du mit? Wir tauschen heute Nacht die Kühe aus der einen Dorfhälfte gegen die der anderen aus."

Endlich Aktion in dem langweiligen Ort. Klar war ich dabei!

Gesagt, getan. Wir hatten stundenlang zu tun, die Kühe des einen Bauern in den Stall des anderen zu verfrachten, und mussten dabei aufpassen, ja nicht aufzufallen. Vor der Disco malten wir noch einen Zebrastreifen auf die Straße, weil der Übergang von dem gegenüberliegenden Parkplatz zu dem Eingang am Wochenende ständig von Autos blockiert wurde. Da kam auch immer ein Haufen amerikanischer Soldaten, die einige Ortschaften weiter stationiert waren.

Mit denen überwarfen die Dörfler sich ständig, weil die sich an die Mädels aus dem Dorf heranmachten. Das wurde selbstverständlich nicht gerne gesehen. Die Nacht von Sonntag auf Montag war also von unseren geheimen Machenschaften bestimmt, sie beanspruchte uns bis zum Morgen. Fast nahtlos ging es zur Baustelle. Während wir auf der Baustelle waren und der Schlaue mal wieder Frühstück holte, musste im Dorf helle Aufregung geherrscht haben. Abends erfuhren wir, dass einige Bauern sich geprügelt und der eine den anderen als Dieb beschimpft hatte.

Die von Henry so erwünschte Bewegung im Ort hielt noch Wochen nach unserem schändlichen Tun an.

Den Kühen hingegen schien egal, in welchem Stall sie gerade standen. Die Milchquote wurde nicht bemängelt und auf den

Geschmack wirkte sich das auch nicht aus.

Ich traf Moka in der Disco wieder. Wir kauften uns ein paar Getränke und verzogen uns in Hermanns Hof. Sie wohnte in der nächsten Großstadt. In unser Dorf ging sie, weil sie in ihrer Stadt nicht gesehen werden wollte. Sie hätte eigentlich zu Hause sein müssen.

Und diese Nacht gehörte uns. Sie war meine Prinzessin und ich war der Sohn des Königs. Irgendwann am Morgen, als Hermann kam, ging sie heim.

Der schwankte sichtlich.

„Hermann, bist du betrunken?"

„Nein, ich habe nur Gleichgewichtsstörungen."

Hermann hatte öfter mal Gleichgewichtsstörungen. Vor allem, wenn er sich wieder mal ein langes Wochenende nicht getraut hatte, seine Angebetete anzusprechen. Da half auch viel trinken nichts. Das wirkte sich dann immer auf seinen Gleichgewichtssinn aus.

An einem Samstag taten sich die Bauern des Ortes gegen die zudringlichen Amis zusammen. Es gab immer mal einen Discoabend für die älteren Herrschaften, an dem dann dicke Backenmusik und Liedgut von Ernst Mosch und den Egerländern oder dem Schwarzwaldtrio zum Besten gegeben wurde. Da blühten dann die Herzen der Bauern auf. Es war einfach ihr Abend.

An eben diesem kam es zum Eklat.

Die Amis nahmen wohl selbst auf die älteren, verheirateten Bauernfrauen keine Rücksicht. Angeblich gehörten auch die gereifteren Jahrgänge in ihr Beuteschema. So ganz wollte ich das nicht glauben, aber sei's drum.

Nach Schilderung der Bauern gruben die Widerlinge alles an, was nicht bei drei auf den Bäumen verschwunden war. Diesem Treiben wollten die Erzürnten Einhalt gebieten. Ich rauchte mir eine an, überschritt unseren Zebrastreifen – der übrigens niemandem Eindruck machte – und schaute vom Parkplatz vor der Disco aus dem Spektakel zu. Ich lachte mich fast kaputt. Da zappelte der Henry vor den aufgeregten Bauern herum und heizte sie an, endlich zurückzuschlagen.

„Los, zeigt den Amis, wem das Land gehört!"

Ich dachte, dass der da eigentlich gar nichts zu suchen hatte, aber die Chance, mal wieder Bewegung in den Laden zu bringen, nahm ihn so gefangen, dass ihm egal war, wer da gegen wen war. Endlich!

Die Bauern hielten Dinge in den Händen, von denen ich zunächst nicht genau sehen konnte, was sie waren. Als hätte man sich abgesprochen, verschwanden die draußen Stehenden in der Disco. Plötzlich hörte man keine Musik mehr. Ein irrsinniges Gepolter, Flüche und Schimpfkanonaden drangen bis zu mir auf den Parkplatz. Vor der Disco gingen zusätzliche Lichter an.

Drinnen – erfuhr ich später – hatten die wütenden Herrschaften die Räumlichkeit kurzerhand übernommen und die Musik abgestellt. Jemand hatte den Sicherungskasten im Griff und schaltete die Musik aus, die Lichter draußen und drinnen alle an. Das erleichterte natürlich die Orientierung.

Gerne hätte ich an dem Abend eine Kamera dabei gehabt. Aus der Disco stürmten etwa vierzig oder fünfzig Typen und ihnen hinterher die Bauern. Nun sah man es. Mit sogenannten Ochsenziemern schlugen die Aufgebrachten auf die Flüchtenden ein, die nicht in der Lage waren, sich schnell genug in Sicherheit zu bringen. Hei, das war ein Ding! Nie werde ich das Bild vergessen, als die Amis – vor den Bauern her laufend – die langgezogene Straße aus dem Ort als ihre Fluchtstrecke nutzten. Erst als sie weit hinter der Kurve, der Ausfallstraße, verschwunden waren, beruhigte sich die Meute.

Die Lichter draußen gingen wieder aus, der Sicherungskasten wurde wieder freigegeben und die Schwarzwaldmusikanten bekamen eine neue Chance, dem bunten Reigen ihren Rhythmus angedeihen zu lassen. Der Abend fand sogar in der Tagespresse einen kleinen Widerhall. Die Vertriebenen mussten sich wohl nachts zu ihren Autos geschlichen haben, denn als wir morgens zur Arbeit fuhren, war der Parkplatz leer. So schön konnte Dorfleben sein.

Eine andere Sache war weniger schön.

Ich hatte Moka einige Wochenenden nicht gesehen und sehnte mich nach ihr. Neben der Disco entdeckte ich ein Mädchen. Das war aber nicht Moka. Die sah anders aus. Mit einer anderen hatte ich nichts zu tun. Ich drehte mich weg.

Das Mädchen blieb stehen, wo sie war. Irgendetwas war doch komisch. Die Art, wie sie mich anschaute und da herumstand. Wie ein Geist. Ich drehte mich noch einmal zu ihr hin. Das Gesicht kannte ich. Die Augen, die Figur. Aber die Haare? Das waren nicht ihre Haare.

„Moka?"

„Ja?"

Sie war es tatsächlich.

„Was ist mit dir? Ich hätte dich fast nicht erkannt, hier im Halbdunkel. Warum stehst du hier draußen?"

„Komm, James, wir gehen zu dir."

Das war fast unheimlich. Wir sprachen nichts, bis wir am Hof angelangt waren. Ich durfte den Arm nicht um sie legen, während wir liefen. Das wehrte sie ab. Etwas stimmte nicht. Im Zimmer sah ich dann, dass Moka eine Perücke trug.

„Was ist passiert? Du machst mir Angst."

Sie zog die Perücke ab.

„Das gibt's doch nicht. Wo sind deine Haare?"

Sie fing an zu weinen. Ihre Eltern hatten ihr, wegen ihrer Eigenmächtigkeit, abends wegzugehen, eine Glatze geschnitten. Ich war schockiert. Ich wollte sie umarmen, aber sie wehrte ab. Sie zog die Bluse aus und auf dem Rücken sah ich Striemen von Schlägen.

Oh du lieber Gott! Wie konntest du so etwas zulassen?

Behutsam nahm ich sie in die Arme und versuchte sie zu trösten. Wir weinten beide. Was mit Moka passiert war, brach mir das Herz.

Damit sie sich nicht mehr aus dem Haus wagte, hatte man ihr die Glatze geschnitten und sie mit einer Peitsche geschlagen. Nun sollte sie in eine andere Stadt zu Verwandten ziehen, um ihr das gewohnte Umfeld zu entziehen. Sie war zu mir gekommen, um sich von mir zu verabschieden. In diesem Moment kamen alte, totgeglaubte Gefühle in mir hoch. Zorn, Wut, Hass. Meine alten Verbündeten tauchten auf und forderten Gnadenlosigkeit gegenüber dem Feind.

„Wo wohnst du? Die mache ich fertig!"

„Nein", sagte sie, „so geht das nicht. Außerdem hättest du gegen eine Sippe, selbst mit all deinen Freunden, keine Chance."

Da musste ich ihr recht geben. Das hätte wohl einen Krieg gegeben, den keiner hätte gewinnen können. Sie zog sich an. Nach einem endlosen Kuss entschwand meine Moka in ihre Welt. Sehr lange Zeit konnte ich an keine andere mehr denken.

Erst viel später sollte ich Kontakte zu Zigeunern haben und ihre Mentalität kennenlernen. Unter anderem auch eine Zigeunerin, die mit meiner zarten, duldsamen Moka nicht die geringste Ähnlichkeit hatte, aber das ist eine andere Geschichte.

Was ich am nächsten Tag auf der heißen Baustelle an Tränen vergoss, verkaufte ich als Schweiß. Auf dem Weg zum Metzger hatte der Schlaue dann, wie in alten Kindertagen, vor sich hin geschrien und nicht das kleinste lose Steinchen war vor seinen Tritten sicher. Treten, Schreien, Schattenboxen.

Noch drei Monate bis zum Schulbeginn.

So schön es war …

Ich beteiligte mich mit Henry und den anderen am Bau eines Jugendtreffs. Es entstand am Rand des Dorfes, wo die Gemeinde ihnen ein Grundstück überlassen hatte. Abends fuhr ich regelmäßig mit, um Heu auf den Futterwiesen einzuholen, oder wir gingen in einem nahegelegenen See baden. Insgesamt ein vergnügliches Treiben. Durch die Kontakte zu den anderen bekamen Hermann und ich immer öfter Besuch, und häufig schliefen einige in den anderen Räumen des Hofes. Ein paar zogen sogar ein. Am Ende wohnte etwa ein Dutzend Leute dort. Genau war das nicht festzustellen. Hermann schien das egal zu sein.

Eines Tages jedoch hatten die Bauern von dem Treiben auf dem Hof die Nase voll und beschlossen, die Lasterhöhle – wie sie es nannten – aufzulösen. Das Wort Kommune kannten die Bauern noch nicht. Zum Glück hatte Henry davon Wind bekommen. Das war mal wieder ganz nach seinem Geschmack.

„Wir müssen den Alten zeigen, wo der Hammer hängt. Die glauben doch, sie hätten das alleinige Sagen hier im Dorf. Also, auf sie mit Gebrüll!"

Ich hatte noch das Bild mit den Amis und den Ochsenziemern vor Augen. Das könnte gefährlich werden.

An einem Freitagabend war es soweit. Auf dem Hof erschienen einige Autos, denen jeweils zwei oder drei Figuren mit grimmigen Gesichtern entstiegen. Scheiße, der Henry und seine Mannen waren nicht zugegen. Der konkrete Termin war wohl nicht bekannt gewesen. Ich trat vor die Haustüre. Hermann war am Kaffee kochen.

„Hermann, wir haben Besuch. Die sehen nicht aus, als wollten sie uns Geschenke vorbeibringen."

„Die machen sowieso nicht ernst", war Hermanns Meinung zu

dem Thema.

Tatsächlich zählte ich zwölf Männer, die auf dem Hof nichts zu suchen hatten. Zu meinem Erstaunen waren zwei dabei, mit denen wir auf dem Bau zusammenarbeiteten.

Die sprach ich an. „Was sucht ihr denn hier?"

„Das wirst du gleich sehen!"

Das war schon komisch, weil einer der beiden nicht einmal im Dorf wohnte. Tja, dachte ich mir, wenn sich einer kloppen will, kann ihm der Grund auch egal sein. Das kannte ich. Seltsam war, dass Hermann keine Anstalten machte, zu sehen, was draußen abging. Einer, den ich gar nicht kannte, kam auf mich zu.

Die erste Treppenstufe, auf der ich stand, gehörte mir. Wie der den Fuß draufsetzte und die Hand nach mir ausstreckte, hieb ich ihm mit der flachen Hand ins Gesicht. Er kam aus dem Gleichgewicht und fiel nach hinten. Ein anderer stieß mich seitlich von der Treppenstufe, sodass ich quer über den Hof flog. Noch blieben die anderen ruhig. Ich rieb mir die Schürfwunden an den Armen. Mein Hemd war hin.

Hinter den Idioten tauchten weitere Autos auf. Henry und seine Mannen!

Auch Hermann kam nun vor die Türe. „Was ist denn hier los?"

Derjenige, dem ich eine gefeuert hatte, schrie Hermann an, dass der Puff nun geschlossen würde. Ende mit der Fickerei.

Der Typ übertrieb schamlos. Das tat aber alles nichts zur Sache, weil Henry und die anderen sich ohne ein weiteres Wort auf die Typen stürzten. Nun war ich wieder mitten in einer Prügelei.

Den Vorgang als solches kannte ich zur Genüge. Also wehren, so gut es ging, und verteilen, so gut man konnte. Zum ersten Mal sah ich, wie viel Kraft Hermann hatte. Da langten ein, zwei Hiebe und seine Gegner purzelten durcheinander. Als ich längst schwer atmete, stand er noch aufrecht und behielt den Überblick. Er hatte sich vorgenommen, die Haustüre zu verteidigen. Das gelang ihm richtig gut. Die es schafften, an uns vorbei zur Haustüre zu gelangen, wurden vom Hermann weggefegt. Es gelang keinem, weiter zu kommen als dahin, wo er stand. Niemand gelangte in den angeblichen Puff.

Nach etlicher Zeit saßen, standen oder lagen etliche Bauern und einige Jugendliche im Hof. Ich setzte mich unterhalb von Hermann auf eine Treppenstufe und besah mir das Bild. Der Kopf tat mir weh. Ochsenziemer oder andere Waffen hatte keiner dabei. Das war schon mal löblich anzumerken.

Henry ergriff – nachdem sich alle soweit sortiert hatten – das Wort.

„Also, wie geht es weiter? Will noch jemand aufs Maul oder geht ihr freiwillig, ihr Schwachköpfe?" Der ließ wirklich nichts aus.

Einige standen bereits auf und legten den Rückwärtsgang ein. Ich musste unbedingt von den beiden Arbeitskollegen wissen, wie die die Sache sahen.

„Wie sieht das Morgen auf der Baustelle mit uns aus?"

Der mich gestoßen hatte, antwortete: „Die Baustelle hat damit nichts zu tun, Schlauer. Du musst auf jeden Fall Frühstück holen."

Einige lachten und alle verkrümelten sich.

„Na, das war doch wohl mal eine Schlacht, oder? Die trauen sich so schnell nicht wieder hier her."

So war Henry.

Danach wurde gegrillt, gesoffen, und wieder schliefen etliche in den leeren Räumen des Hauses, wenn sie nicht ohnehin schon dort wohnten. Ich glaube, das war eine der ersten Wohngemeinschaften in Deutschland. Nach dieser Zeit wurden sie richtig Mode. Dennoch verschwieg ich den anderen, was mir alles wehtat.

Die Zeit ging dahin. Ich fühlte mich wohl in diesem kleinen gallischen Dorf, das den Römern noch erfolgreich trotzte. Meine finanzielle Situation war mehr als gut. Ich hatte kaum etwas ausgegeben und alles in meiner alten Kiste unterm Bett gehortet. Ich zählte über achttausend Mark. Das sollte für meinen Schulbesuch reichen. Zudem bekäme ich während der Schulausbildung monatlich Bafög und konnte ja weiterhin nebenbei arbeiten. Die Welt war also in Ordnung.

Wenige Tage vor meiner Abreise suchte ich meine Kiste mit dem Krimskrams und meinem Geld. Es war weg. Der Hermann konnte sich auch nicht erklären, wo das abgeblieben sein sollte. Alles andere war da.

Da gab es eine Stichwortsammlung über Begebenheiten, die ich erlebt hatte, das alte Taschenmesser, die Kuhglocke, ein Fastnachtsorden aus dem Heim für Körperbehinderte und etliche andere Dinge, die nur für mich wichtig waren. Wo ich diese Kiste abstellte, war ich zu Hause. Das Geld war gestohlen und ich am Boden zerstört.

Geld war mir nach wie vor nicht wichtig, aber nun hätte ich es dringend gebraucht. Außerdem hatte ich nicht wenig dafür gearbeitet. Scheiße!

Ich musste unbedingt einen unkomplizierten Übergang zu meiner Schule finden. Da passte es einfach nicht, dass ich mittellos in eine Großstadt zog. In einigen Tagen stand der Umzug an. Das Problem musste ich mir unbedingt aus dem Rücken schaffen.

Verfehlung ...

Ich beschloss, meinen väterlichen Freund aufzusuchen. Hermann drückte mir ein paar Mark für die Bahn in die Hand und ich trabte los.

Es war müßig, mir zu überlegen, wer das Geld genommen hatte. Da schliefen und wohnten schon zu viele auf dem Hof, um das herauszufinden. So saß ich im Zug und hatte die Kreisstadt zum Ziel. Ich hoffte inständig, dass Herr Heuss da war. Er konnte mir sicher helfen.

Keiner war da. Zum Glück wusste ich, wo der Schlüssel zur Wohnung lag und ging hinein. Ich war schon lange nicht mehr da gewesen und alte Bilder stiegen in mir auf. Vater und Mutter Heuss, das Sofa im Wohnzimmer, auf dem ich an den Wochenenden Hörspiele verfolgt und die sprudelnden Limonaden getrunken hatte. Ich wollte nichts anfassen, aber beim Verlassen des Zimmers von Herrn Heuss sah ich eine Dose mit Münzen.

Vorwiegend waren es sogenannte Olympiamünzen, die auch als Zahlungsmittel galten. Vielleicht ließ sich ja damit etwas anfangen. Ich hatte nicht die Muße auf ihn zu warten, weil ich am nächsten Tag auf der Arbeit sein musste. Die Strecke hin und zurück nahm ein erhebliches Stück Zeit in Anspruch.

Im Dorf angekommen, zeigte ich dem Wirt einige Münzen, weil Henry mir sagte, dass der sich damit auskennen würde. Er gab mir immerhin einige hundert Mark dafür. Ich wusste in dem Moment, welchen Schaden ich Herrn Heuss zugefügt hatte. Das musste ich unbedingt wieder gut machen.

Aufgrund einer Anzeige von Herrn Heuss hatte mich einige Tage später die Polizei ausfindig gemacht.

Ja, sagte ich. Die Münzen habe ich genommen und dem Wirt

verkauft. Ja, ich wisse, dass das nicht recht ist, und würde für entsprechenden Ersatz aufkommen.

Die Diskussionen und Vorwürfe überforderten mich. Ich verständigte mich mit Herrn Heuss. Ich erklärte die Situation und einmal mehr verzieh mir der Mann auch diesen Fehler. Er zog die Anzeige zurück.

Zwei Tage vor meiner Abreise fuhren wir anlässlich des ersten Mai in einen Wald. Fast die gesamte Dorfjugend auf Traktoren mit Hängern und leeren Milchkannen. Wir hatten phantastisches Wetter und im Wald gab es einen alten Mann, der Honigwein machte. Ihm gehörten mehr als zwanzig Bienenstöcke, das ganze Jahr über hegte und pflegte er die Bienen, um aus dem Honig Met zu machen. Das war der Metmann. So nannten ihn alle. Der Metmann war ein riesiger Kerl mit riesigen Händen und er hatte dem Übermut der Jugend trotz seines Alters noch genügend entgegenzusetzen, um der gar zu aufmüpfigen Burschenschaft Herr zu werden. Er trug eine sehr lange Lederschürze und schwere Stiefel, das gab ihm etwas Martialisches.

„Ihr kriegt alle euren Wein. Die mit dem frechen Maul zahlen bei mir doppelt!"

Dazu drohte er mit der großen Faust. Das schien Eindruck zu machen. Die Milchkannen wurden mit Met gefüllt und dann ging es ab in einen Steinbruch, wo eine Band ihre Anlage aufgebaut hatte. Die hatten wirklich alles an Musik drauf, was gewünscht wurde. So hätte es gut bleiben können, aber nachmittags wurde der Steinbruch von der Polizei geräumt, weil eigentlich keiner da hinein durfte. Nun gut, dann ging es trotzdem weiter, und auf einer Wiese kugelten sich abends die Betrunkenen und Müden.

Hermann hatte wieder Gleichgewichtsstörungen.

Mir hatten drei Becher von dem köstlichen Nass gereicht, um mich umzuhauen. Auf den Hänger schaffte ich es noch so leidlich und dann ging es wieder heim, wo ich mich einem erholsamen Schlaf hingab.

Am nächsten Tag hieß es Abschied nehmen. Hermann hatte sich freigenommen und Henry fuhr uns in die nächste Stadt zum Bahnhof. Muss ich erwähnen, dass mich der übliche Trennungsschmerz überkam? Irgendwie hatte jede Zeit etwas Schönes. Besonders in der Nachschau des Erlebten.

Die Intellektuellen ...

Ich hatte in einem Studentenheim ein Zimmer bekommen, das ich mir mit einem Studenten der Betriebswirtschaft teilen musste. Darin waren ein Doppelbett, zwei Schränke, einen Tisch und zwei Stühle. Recht spartanisch das Ganze.

Der Typ allerdings war für mich ein echter Kulturschock. Etwa so groß wie ich und mit dunklen, fettig gegelten Haaren. Ein eitler Bursche, durch und durch. Ein cremefarbiger Kamelhaarmantel und ein weißer Seidenschal rundeten das Bild einer komplett gestylten Schaufensterpuppe ab. Da würde ich todsicher nie hinkommen. Ihn hätte ich gern mal auf einem Bauernhof im Mist stehen sehen.

Er hatte einen Toaster im Zimmer und bestrich – wie es üblich war – die Toastscheiben mit Butter. Als Exzentriker konnte ihm das allerdings nicht genügen. Auf den Toast gesellten sich nun Kaviarersatz und ein Spritzer Zitrone. Seehasenrogen stand auf dem Gläschen. Insgesamt war der so verdreht, dass er fast als lustig hätte durchgehen können, wenn ich die Zeit gehabt hätte, ihn genügend zu würdigen. Die fehlte mir jedoch.

In der Fachschule für Sozialpädagogik ging es nicht viel anders zu als in anderen Schulen.

Ein Unterschied war, dass es öfter Arbeitsgruppen gab, die verschiedene Themen bearbeiteten, deren Ergebnisse am Schluss zusammengetragen wurden. Pädagogik, Didaktik, Methodik und Psychologie. Sport, Musikunterricht und etliche andere Fächer. Der Stoff selbst war nicht so schwierig für mich.

Schwierig war, dass ich mich in einer Großstadt befand, die ich nicht kannte, und deren Rummel mir zu schaffen machte. Das war gänzlich neu für mich.

Ich war, bei allen Schwierigkeiten, die dörfliche Idylle gewohnt, die wenigstens Rückzugsmöglichkeiten bot, um sich mal auf etwas zu besinnen. Das war schlagartig vorbei. Zusätzlich ging mir mein Mitbewohner auf den Zwirn. Der kam von der Dusche, zog sich aus und cremte sich von oben bis unten ein, bis das ganze Zimmer nach Parfüm und Creme roch. Der war sogar unten und unter den Armen rasiert. Der sah wirklich wie eine Schaufensterpuppe aus. Vom Kopf abgesehen war kein einziges Haar an ihm.

Wahrscheinlich war er so hohl, wie er glatt war.

„Kannst du das nicht in der Dusche machen, da gibt es vielleicht sogar Bewunderer für deinen Luxuskörper."

„Nein, das mache ich lieber hier, das ist intimer."

„Gehöre ich etwa zu deinem intimen Umfeld?"

„Nein, aber ich kann dich ja nicht einfach hinaus bitten."

Dem hätte ich gerne mal eine geknallt. Ich störte ihn nicht mehr. Ich nahm ihn einfach nicht mehr wahr. Ich sah ihn, aber er war nicht da. Fertig. Darin war ich Meister.

Es war die Zeit der Intellektuellen. Das Studentenwohnheim hatte einen sogenannten Bewohnerbeirat, in dem sich sogar ein bekannter Liedermacher und einige Studentenführer tummelten.

Unten im Wohnheim gab es Kellerräume, in denen gefeiert wurde und in denen ab und zu der sogenannte Beirat tagte. Ich versuchte immer mal, Kontakt mit denen aufzunehmen.

Das ging dann etwa so, wenn einer mir antwortete: „Na, du, wie kann ich dir helfen, du?"

„Ich brauche keine Hilfe, ich wollte euch nur mal kennenlernen. Ich habe schon einiges über euer Engagement gehört."

„Du, weißt du, wir sind sehr beschäftigt, du."

Ich kam nicht durch.

Außerdem machte mich die Ausdrucksweise stinkig.

„Dann habt ihr also nicht wirklich Kontakt zu anderen, weil ihr so mit euch selbst beschäftigt seid?"

„Du, wie meinst du das denn, du?"

Ich wollte sehen, ob er Reaktion zeigte, wenn ich ihn provozieren würde.

„Du, ich höre gerade, ihr habt auch eine eigene Sprache, du."

„Du sprichst ganz schön in Rätseln, du."

„Heißt ihr alle du?"

„Du, ich versteh dich nicht, du."

„Das merke ich auch gerade, du. Tschüss, du."

Ergiebiger waren die Gespräche in der Regel nicht.

Zeit hatte keiner für mich. Triviale Dinge waren einfach nicht ihr Geschäft. Die große Politik, ja, das war doch was. Alles, was über Hirnficken hinausging, wurde von denen nicht verstanden. Politik, Religionslehre oder sexuelle Befreiung. Das waren die großen Themen. Was sollte da so eine kleine Wurst wie ich, die blöde durchs Haus raste und Kontakt suchte. Aber abends saßen die Hochwohlvergeistigten im Keller und hörten Sympathie for the Devil von den Stones.

Ich entwickelte immer mehr Sympathie für den Teufel. Du, weißt du, ich begann diese intellektuellen Scheißer zu hassen. Mit denen war kein Krieg zu gewinnen. Der praktischen Seite des Lebens gewannen die nichts ab. Mal ein Pfeifchen Shit paffen und lange über das Leben nachdenken, nur um es nicht in die Hand nehmen zu müssen. Das konnte man bei denen lernen. Die sexuelle Revolution war auch nur ein Dreh, um bequem an einen Fick zu kommen. Da gab es keine Revolution. Nicht einmal beim Stellungswechsel. Alles Geschwätz.

Die antiautoritäre Erziehung war ebenfalls nur ein Mittel, um nichts tun zu müssen.

Überlasst die Natur sich selbst. Das spart Gartenarbeit. Manch einer war der Illusion erlegen, dass der Kampf gegen die Autorität ihn frei mache. Oft genug wussten die dann mit ihrer Freiheit nichts anzufangen, und einige verzweifelten sogar an ihr. Wie fragte damals so manches Kind: „Müssen wir heute wieder tun, was wir wollen?"

Stefan Suhlke schrieb mal ein Lied. Die Intellektuellen, die hören so gerne Blues.

Da tanzen die Forellen in selbstgemachtem Apfelmus. Da ging es dann noch um das Liebesleben der Ameisen und die Esoterik der Tiefsee. Die verloren sich im Geistigen, etwa so, wie mein Kister sich in seinen Mischungen verlor.

Das war in keiner Weise geeignet, Politik, Erziehung und sonstige weltanschauliche Dinge – wie etwa das Leben – aktiv zu gestalten und ihm eine Richtung zu geben.

Seltsamerweise hatte ich bei Ausländern mehr Glück. Meine Bemühungen um Kontakt in diesem Studentenwohnheim stießen bei den Studenten für Informatik, Ingenieurwesen und Computertechnik auf fruchtbaren Boden. Zumeist kamen sie aus Arabien, dem Iran oder anderen afrikanischen Ländern. Von den Arabern lernte ich, über ihre Gastfreundschaft hinaus, etwas über ihre Länder kennen. Ich wusste zum Beispiel nicht, dass es in der Wüste wichtig war, sich genügend Salz zuzuführen. Je mehr Schwitzen, umso mehr Salz.

Bis dahin war ich im Glauben, dass Salz dem Körper Flüssigkeit entzieht. Dazu gab es etwa einen Ziegenkäse, der – nach meinem Geschmack – fast ausschließlich aus Salz zu bestehen schien. Den aßen sie in der Wüste, und ich mit ihnen im Studentenwohnheim.

Dann gab es noch Pfefferminztee, frisch mit dem Flugzeug importiert. Wer gerade aus dem Urlaub zurückkam, brachte ihn mit. Heiß aufgießen und viel Zucker hinein.

Das schmeckte himmlisch. Oliven, stark gesalzener Quark mit Olivenöl – einfach mit Brot gegessen – und viele andere Dinge mehr, die ich bei ihnen kennenlernte. Vor allem war es die

Menschlichkeit, die mich sehr beeindruckte.

Im Gegenzug lud ich sie ein, und wenn mein dusseliger Zimmergenosse weg war, saßen wir bei mir im Zimmer. Das hatte etwas Selbstverständliches. Sie waren auf ihr Studium konzentriert und gaben sich nicht müßigen und unnützen Überlegungen über das Leben hin. Das gefiel mir.

In der Schule konzentrierte ich mich auf das Wesentliche und begann, Nachhilfeunterricht in verschiedenen Familien zu geben. Die Preise richtete ich nach dem Einkommen der Eltern aus. Manche zahlten zehn Mark die Stunde, manche nur drei, und einer Familie nahm ich gar nichts ab. Nicht jeder Familie ging es gut. Es gab Stadtteile, da kam mir das Grausen.

Ich traf mich mit einem Mädchen, das mich ab und zu in Gespräche über dies und jenes verwickelte. Wir gingen Kaffee trinken. Ab und zu verabredeten wir uns zum Essen, und einmal waren wir zusammen im Kino. Ich verguckte mich in sie. Ins Studentenwohnheim wollte sie nicht mitgehen und zu sich lud sie mich auch nicht ein. Ganz normal schien mir das nicht. Ich war gewohnt, dass man schneller zur Sache kam. Ein anderes Mädchen gab es allerdings in der Zeit nicht. Das ging so ein paar Monate.

An einem schönen Nachmittag im Park auf einer Wiese kam ein vollbärtiger Typ auf uns zu und setzte sich zu uns.

„James, darf ich dir meinen Verlobten vorstellen?"

Das haute mich aus den Socken. Ja gab es denn so was? Ich stand auf und ging. Die Variante kannte ich auch noch nicht.

Zum Ausgleich ging ich ins Theater. Die Leiden des jungen W. Eine schöne Geschichte von Goethe über einen Pubertierenden mit seinen Problemen. Da konnte sich eigentlich jeder wiederfinden. Leider musste in dieser Zeit ja alles progressiv und provokativ sein. Dem war wohl geschuldet, dass der Darsteller ständig nackt über die Bühne rannte, weil er wahrscheinlich nicht wusste, wohin mit seinem Ding. Ich glaube, dass es sich hier um eine freie Interpretation des ursprünglichen Stückes handelte. Auf jeden Fall war am Ende kaum noch erkennbar, worum es überhaupt ging. Ich verließ das Theater, kopfschüttelnd ob dieses erbärmlichen Schauspiels. Ich war sicher nicht prüde. Es lag halt an der Zeit, alles zu verfremden. Nur erkannte man dabei den guten alten Goethe nicht mehr wieder. Schade.

Ich würde in dieser Stadt nicht glücklich werden. Das wusste ich. Was ich sah und was ich hörte, schlug mir zusehends aufs Gemüt.

In der U-Bahn war es ganz schlimm. Dauernd bettelte mich jemand um eine Mark an. Wie ich sah, dass Leute teilweise aggressiv angemacht wurden, entwickelte ich eine Taktik. Um den Schmarotzern zu entgehen, ging ich auf jeden zu, der sich in meine Richtung bewegte. Bevor er mir etwas sagen konnte, fragte ich ihn, ob er mal eine Mark für mich hätte.

„Oh, entschuldige, ich wollte auch gerade fragen."

Man sah schon, wer etwas wollte. Den einen oder anderen war ich dann los. Insgesamt waren das aber zu viele. Das ging jeden Tag so und ich gab diese Strategie schnell wieder auf. Der Lärm, die Enge und die Hektik setzten mir sehr zu. Ich war dem nicht gewachsen. Nachts träumte ich von einem Zug, der in immer engeren Kreisen um mich herum fuhr, und mir nach und nach die Gliedmaßen abzufahren drohte. Da wachte ich jedes Mal schweißgebadet auf.

Irgendwann im Zentralbahnhof überkam mich einmal der unwiderstehliche Drang, auf eine Frau zuzulaufen, um sie zu fragen, ob sie meine Mutter sei. Ich konnte dem Ansinnen gerade noch widerstehen und lief an ihr vorbei. Ich hielt mich natürlich für verrückt. Spinnst du jetzt völlig? So dachte ich. Ja Himmel, wo soll denn das noch hinführen? Wieso fiel mir mitten in einem Bahnhof etwas Derartiges ein? Da bekam ich wirklich Angst vor mir selbst. Ich musste mich in den Griff bekommen, das war klar. Das musst du unbedingt abstellen. Das geht so nicht. Du kannst doch nicht wildfremde Frauen ansprechen!, ermahnte ich mich. War ich etwa völlig durchgeknallt? Ich bekam größte Zweifel, ob bei mir noch alles in Ordnung war.

In den nächsten Nächten träumte ich immer den gleichen Traum. In Farbe. Und was für Farben! Es gibt eine Pavianart, die rote, violette, grellgelbe und strahlend blaue Streifen auf dem Fell hat. Sehr eindrucksvoll. Sehr gefährliche Tiere, mit einem riesigen Gebiss. In einem Park – durch den ich in diesem Traum ging – gab es ein kleines Flüsschen, über das eine schöne chinesische Holzbrücke gespannt war. Auf dem Geländer dieser Brücke und auf dem Boden lagen etliche dieser Tiere und dösten oder schliefen vor sich hin. Über diese Brücke zu gehen, war äußerst gefährlich. Kein normaler Mensch würde so etwas tun. Das erinnerte mich an den Spruch, dass man schlafende Hunde nicht wecken sollte. Aus irgendeinem Grund musste ich aber unbedingt da rüber. Mit äußerster Vorsicht und auf Zehenspitzen wagte ich die Überquerung. Einige der Tiere ließ ich hinter mir. Zu dem Zeitpunkt war ich bereits klatschnass. Nur noch die Hälfte der Brücke. Einige wenige Schritte und ich hätte es geschafft. Hinter mir tat sich was. Vorne war alles ruhig. Etwas berührte mich! Von hinten ein Brüllen, ein Schrei, der mir das Rückenmark herunter wanderte und ich wachte auf. Der Schrei stammte von mir und weckte regelmäßig meinen Zimmergenossen.

„Bist du wieder soweit? Drehst du wieder durch? Oder was ist los?"

„Halt deinen Mund. Schlaf weiter." Ich ging danach erst mal duschen.

Wer's glaubt …

In dieser Zeit traf ich einen alten Bekannten. Als Kind war ich mit meinem Vormund in Berlin gewesen, in der französischen Botschaft, und hatte die Brüder Apel kennengelernt. Den einen – er war Arzt – traf ich in der Nähe des Studentenwohnheimes wieder und wir kamen ins Gespräch.

„James, wie geht es dir?"

„So weit, so gut."

„Wenn du mal in der Nähe bist, kannst du mich ruhig mal besuchen."

Ein Arzt konnte mir eigentlich nur guttun, so dachte ich. Schon in den nächsten Tagen besuchte ich Ewald, wie er mit Vornamen hieß. Nach einigem hin und her, erzählte ich ihm, was mich so quälte.

„Das sind Verklemmungen, da hat sich etwas aufgestaut. Du musst dich entspannen, sonst hältst du das nicht lange durch."

„Entspannen ist leicht gesagt. Ich drehe in dieser Stadt noch durch. Ich muss hier raus."

„Zuerst beruhigst du dich erst einmal. Darf ich dich anfassen? Keine Angst, ich tue dir nichts. Zieh dich aus, ich mach dir eine Massage. Ich ziehe mich auch aus. Wir werden uns dabei über deine Probleme unterhalten."

So ganz geheuer war mir das nicht, aber als Arzt würde er schon wissen, was er zu tun hatte. Außerdem kannte ich ihn ja schon seit meiner Kindheit. Ewald betrat nackt den Raum. Ich wollte mir nun auch keine Unsicherheit anmerken lassen. Ich hatte auch nichts mehr an, sodass wir ja sozusagen mit gleichen Waffen kämpften. Während er mich einschmierte, erzählte ich. Die Massage begann am Rücken, über die Beine und nun sollte ich mich umdrehen.

Über meine Probleme zu sprechen, hatte Ewald wohl völlig vergessen, denn er hatte einen Ständer der dritten Art. Lass dich dadurch nicht stören, dachte ich. Dann ist er halt erregt. Na und? Die Massage ging dann auf meine Mitte über. Da rührte sich was.

„Du kannst mich ruhig auch anfassen, das macht gar nichts", ermunterte mich Ewald.

„Wie ich sehe, macht das wohl etwas mit dir, obwohl ich dich nicht mal angefasst habe", antwortete ich.

„Das ist nicht weiter schlimm. Siehst du, deiner steht doch auch."

Tatsächlich irritierte mich, dass ich einen Ständer bekam.

„Das ist, weil du da dran rum machst."

„Komm, fass meinen ruhig mal an. Du musst dich nicht genieren."

„Wozu soll das gut sein?"

„Mach einfach, und schalt endlich mal den Kopf ab."

Ich fühlte mich an den Joachim erinnert, aber das hier war anders.

War das Therapie und ich einfach nur verklemmt? Sollte das eine Blockade lösen? Würde ich es wissen, wenn ich es nicht probieren würde? Ich nahm also wortwörtlich die Sache in die Hand. Eine Zeitlang versuchte er, mir einen runterzuholen und ich rieb an seinem Ding herum. Von meinem Problem entfernten wir uns weiter und weiter. Statt einer Lösung schien noch ein weiteres Problem dazuzukommen.

Mein Ding tat mir weh.

„Ewald, ich stehe nicht auf Männer. Du meinst es sicher gut, aber das hier ist nicht so meine Sache."

„Mach noch ein bisschen weiter. Siehst du, jetzt wird er schlapp. Du musst dich entspannen, dann geht es wieder."

Nichts ging mehr.

Ich weiß nicht, wie lange wir da so hantierten. Ich hoffte schon, dass es ihm bald käme, damit Ruhe wäre. Eigentlich hätte das längst der Fall sein müssen. Sein Ding war die ganze lange Zeit über geschwollen. Mir wäre es nach so einem langen Zeitraum mindestens dreimal gekommen, wäre ich daran so interessiert, wie er es war. Stattdessen kam mir die Befürchtung, dass ich wohl bis zum Sankt Nimmerleinstag an ihm hätte rumreiben müssen, bis es ihm verdammt nochmal endlich kommen würde. Ich fand mich Ewald gegenüber ein bisschen unfair, wegen meines wachsenden Widerwillens, obgleich er sich doch so viel Mühe gab.

Ich wollte nicht herausfinden, wann es ihm wohl käme oder nicht und ich brach diese seltsame Übung ab.

„Ewald, das bringt so nichts. Mir tut mein Ding weh und ich bekomme langsam Muskelkater im Arm."

„Schade, James. Du musst viel entspannter werden, dann löst sich auch dieses Problem."

Ich gab mir nicht mehr die Mühe, ihm zu erklären, dass es sich bei seiner Einschätzung der Situation um eine Fehldiagnose handeln musste.

„Ich danke dir für dein Engagement."

Ich zog mich an und verabschiedete mich. Ich habe in späteren Jahren noch einige Therapeuten kennengelernt, die den Sex mit ihren Patienten - vornehmlich Patientinnen - propagierten. Ob die wussten, welche Saat sie damit säten? Normalerweise nannte man das Missbrauch. Eine kaputte Seele für einmal abspritzen. Das wäre etwa der Preis der Behandlung. Herrn Heuss würde ich einen Schlag ins Kontor versetzen, würde ich ihm diese Begebenheit berichten. Da war ich sicher.

Irgendwie wollte ich auch das Bild der beiden Brüder, zu denen ich mal aufgeschaut hatte, nicht zerstören, wenngleich Ewald nun ein wenig aus dem Rahmen fiel.

Ich konnte mich mit derlei Dingen nicht lange aufhalten. Irgendwie fühlte ich mein Seelenheil bedroht, wenn ich mich nicht um wichtigere Dinge kümmern würde. Also blendete ich die Begebenheit erst einmal aus.

Marschier weiter! Du hast ein Ziel!

Besser war, Herrn Heuss nichts davon zu erzählen. Es hätte ohnehin nur unangenehme Verwicklungen mit sich gebracht. Auch würde der Bruder von Ewald sicher nicht begeistert sein. Das wollte ich alles nicht herausfinden.

Die Sache hinterließ bei mir, außer einer gewissen Verwirrung, keinen bleibenden Schaden. Ob ich mich reingelegt fühlte? Kann sein. Vielleicht war Ewald von seinem Tun sogar überzeugt. Auch möglich. Meine Entscheidung ging dahin, dass mir das alles egal sein sollte. Ich war zu verwirrt, um mir lange Gedanken darüber zu machen. Ich dachte damals, dass er sicher jemand finden würde, der sich seines Problems annehmen würde. Ich war dafür nicht geboren.

In der Schule lief es erstaunlich gut, trotz dieser furchtbaren Stadt. Nach dem Erlebnis mit Ewald war ich verwirrter, als ich mir eingestehen wollte. Weil ich mit der ganzen Situation nicht wirklich vor und zurück wusste, fragte ich mich, ob irgendjemand in meinem Alter wirklich so blöd sein konnte, wie ich mir insgesamt vorkam.

Ich tröstete mich mit der Erkenntnis, dass man an allem, was einem passierte, selber schuld war.

Was soll's ...

Etwas legte sich schwer auf mein Gemüt. Ich wurde wieder einmal furchtbar müde. Es half mir nicht weiter, stärker sein zu wollen, als ich tatsächlich war. Ich wurde regelrecht trübsinnig. Meine Gemütsverfassung gebot mir nun auch tagsüber, mich unter die U-Bahn zu werfen. An den Gleisen stehen, die Augen schließen und einfach nur fallen lassen. Den Knall würde ich nicht mehr hören.

Der Gedanke ließ mich nicht mehr los. Bei der Bewegung nach vorn, bereit zum Sprung, schreckte ich dann jedes Mal zurück. Da stand ich dann an dem Gleis, öffnete die Augen und sah die Bahn vorbei fahren. Ich betrat die U-Bahn nach einer gewissen Zeit nicht mehr. Das war zu gefährlich.

Es fühlte sich an, als würden mir die nächtlichen Träume, derentwegen ich schreiend aufwachte, sagen, dass sie mich, wenn ich mich nicht bald umbrächte, zur Strafe wieder heimsuchen würden. Das war wie ein Dreieck. Traum, eine Art von Todessehnsucht, Traum.

Der Kreis des um mich herum fahrenden Zuges wurde immer enger. Hatte er gerade meinen Fuß berührt? Du musst die Beine anziehen! Mit dem Finger berührte ich bereits den kalten Stahl der Gleise. Entweder wachst du auf oder du legst den Kopf auf die Schiene. Wach endlich auf!

Einmal mehr ging ich in der Nacht duschen.

Der Krach der Stadt, die Intellektuellen, die nur Verwirrung stifteten, die Schmarotzer in der U-Bahn, Nutten am Bahnhof, Fixer, soweit das Auge reichte und Ärzte, die keine waren. Kinder, die doof blieben, weil sie kein Geld für Nachhilfe hatten, Verlobte, die auf verliebt taten, und Kühlschränke im Studentenwohnheim, die mit Ketten und Sicherheitsschlössern gesichert waren, weil einer dem anderen nicht traute. Ein gegelter Typ, der sich täglich vor mir eincremte, weil das ja so intim war.

Und abends im Keller lief Sympathy for the Devil. Sogar meine Musik wurde von den Arschlöchern missbraucht. Erbärmlich! Darüber hätte ich regelrecht ausrasten können. Irgendwann hätte ich still und heimlich einem dieser intellektuellen Scheißer über dem Plattenteller den Hals umgedreht. Die Pläne dazu wurden immer konkreter.

Ich brauchte dringend einen Plan für mich, eine neue Perspektive. Ich wusste, dass die Seele wieder ihr eigenes Ding derhen würde, wenn ich nicht dagegen steuerte. Das konnte gefährlich werden. Da kannte ich mich aus. Mein innerer Zustand war mit dem Äußeren in keiner Weise mehr kompatibel. Also, tu was!

Ich musste den Rhythmus insgesamt wechseln. Der Abstand zwischen mir und den Dingen, die hier massiv auf mich einprasselten, wurde einfach zu gering. Ich brauchte Luft. Ich hatte mir doch vorgenommen, die Ausbildung zu machen. Und wenn ich dabei sterben müsste, ich wollte es durchziehen.

Zu dem Zweck schrieb ich ein ausführliches Bewerbungsschreiben an die Fachschule für Sozialpädagogik in der Landeshauptstadt. Ich beschrieb die Situation, ohne näher auf die Details einzugehen und dass ich sofort umsiedeln wolle.

Der Jänicke Effekt kam mir einmal mehr zur Hilfe. Denn ich beschrieb nicht, was ich tun würde, sondern schaffte Fakten. Ich schrieb, dass ich schon ein Zimmer in der Stadt hätte und am nächsten Tag einen Stuhl im entsprechenden Klassenzimmer benötigte. Ich stellte die Schule vor eine Tatsache und ich wartete auch nicht auf Antwort. Noch einmal war ich am Abend bei den Orientalen, die es so freundlich mit mir gemeint hatten, und verabschiedete mich von ihnen. Noch nie war ich bei einem Abschied von einer Stadt so glücklich gewesen. Die Abreise duldete keinen Aufschub. Noch in derselben Nacht fuhr ich weg.

Ich bin wieder hier ...

Am nächsten Tag stand ich vor der Schule.

„Das geht eigentlich nicht, dass jemand mitten im Jahr die Schule wechselt. Das bedarf einer gewissen Vorbereitung", sagte der Direktor.

„Ich habe mich schon sehr auf die Schule gefreut. Ich bin da und wenn sie noch einen Stuhl freihaben, setze ich mich einfach dazu. Der Lehrstoff ist doch sicher nicht viel anders?" „Nein, das nicht. Nun gut, wir wollen mal schauen, wie wir das hinbiegen können."

Das hörte sich gut an. Der Direktor war mir wohlgesonnen und Herr Heuss klinkte sich in die Bemühung um den Schulwechsel mit ein. Wie immer alles so schön klappte, wenn alle dasselbe wollten. Erstaunlich.

Ich kam mir vor wie in einem der neueren Lieder von Westernhagen. „Ich bin wieder hier, in meinem Revier. War niemals weg, bin froh, wieder zu Hause zu sein." Etwa so ging das Lied und etwa so fühlte ich mich. Ich nahm mir vor, mir doch mal grundlegende Gedanken darüber zu machen, wo ich in dieser Welt stand. Ich war vital, körperlich gesund und äußerst motiviert. Ich wollte die Welt unbedingt positiv sehen. Probleme waren dazu da, gelöst zu werden. Und in jedem Problem steckt zugleich die Lösung.

Aber so ganz nebenbei schien mir etwas zu fehlen.

Das alte Gefühl einer unbestimmten Sehnsucht trieb mich um. Da war etwas, das mein Gemüt zeitweilig im Griff hatte, und ich wusste nicht, was es war. Eine Art von Schwermut überkam mich manchmal. Die ergriff regelrecht von mir Besitz, zuletzt in der Stadt, die ich fluchtartig verlassen musste, ehe mich die Depression erwürgte. Das machte mir Angst. Ich musste herausfinden, was es damit auf sich hatte.

Vor allem musste ich mir klar machen, worin mein Anteil daran lag.

Ich brauchte unbedingt Strategien, um mein Leben in die Hand nehmen zu können. Herr der Lage musste ich werden. Planung war leider nicht alles. Wer am Gründlichsten plant, den trifft der Zufall am Härtesten. Es brauchte also eine Balance. Ähnliches wurde in einem Buch über einen Kaufmann in Hongkong beschrieben. Der Tai Pan. Da war die Rede von Tschoss und Timing. Tschoss war das Glück, und Timing der richtige Moment, den man planen musste. Wenn beides zusammenkam, hatte man gewonnen. Diese Balance galt es zu finden.

Es konnte nicht angehen, dass ich mich in Situationen manövrierte, die teilweise bedrohliches Potenzial hatten. Andererseits galt das Risiko zu stolpern für jeden, der lief.

Nun hatte ich immerhin einen verdammt langen Lauf hinbekommen, ohne zu stürzen. Ich war froh, in einem überschaubaren provinziellen Städtchen einen eigenen Platz zu finden. Die Großstadt hätte mich umgebracht. Viel hatte nicht gefehlt.

Ein Zimmer war auch schnell gefunden. Eigentlich war es Zimmer, Küche und eine Dusche mit Toilette. Sehr komfortabel. Meine ersten Möbelstücke waren Jaffakisten, also Apfelsinenkisten. Damit ließen sich Regale, Tische, Stühle und andere Ablageflächen errichten. Das sah auch noch gut aus. Die Straße, in der die Wohnung lag, beherbergte einige Kneipen, Bars, Handwerksbetriebe, Restaurants sowie einen Bäcker und Metzger. Eine kleine Stadt in der Stadt. Schön. Alles war schön.

Die Unruhe, die ich aus der anderen Stadt mitgenommen hatte, blieb noch eine ganze Weile bestehen. Allmählich kam ich aber doch meiner inneren Mitte näher und verlor das Gefühl des Ausgeliefertseins, das dort so heftig an mir gerissen hatte. Ich nahm auch das Zirkeltraining in der alten Sportschule wieder auf. Das half mir enorm.

Die Schule machte Spaß. Ich lernte viel über Entwicklungspsychologie, Pädagogik und Psychologie. Die Inhalte sog ich auf, wie ein Schwamm Wasser aufnimmt. Oft saß ich neben der Schule in einem Kaffee, in dem ich mich mit der Pädagogiklehrerin oder der Lehrerin für Psychologie traf.

Das waren die unterhaltsamsten und lehrreichsten Stunden. Eigentlich hätte jeder, der guten Willen war, Erzieher werden können. Davon war ich immer überzeugt. Schließlich lernten Eltern ja nicht extra Pädagogik, bevor sie Kinder bekamen.

Den nötigen Enthusiasmus für den Beruf hatten meist junge Leute. Die theoretische Ausbildung war eine gute Krücke, wenn im Alter der Enthusiasmus etwas nachließ. Je mehr man wusste, gepaart mit einer positiven Welteinstellung, desto weniger konnte schief gehen. Ich fand heraus, dass regelmäßige Tagesabläufe und Zuverlässigkeit im Handeln die beste Orientierung für Kinder und Jugendliche - und natürlich auch für mich - darstellten. Für einen Erzieher waren die haushaltsorientierten Aufgaben äußerst entscheidend. Ich behaupte noch heute, dass die Putzfrau eine der wichtigsten Personen in der Erziehung darstellt. Als Erzieher war man im besten Fall zuerst Hauswirtschaftler. Erst wenn das Drumherum gewährleistet war, machten Pädagogik und Psychologie überhaupt einen Sinn. Die beiden Disziplinen hatten nur Sinn, wenn sie praktisch umsetzbar waren. Graue Theorie allein stiftet Verwirrung.

Ich staunte nicht schlecht, als ich mal in einem Villenviertel der Stadt spazieren ging. Von dem Wohnviertel ging es zu einem Platz, auf dem Busse parkten, und Touristen ein mir unbekanntes Ziel ansteuerten. Sie stiegen aus mehreren Bussen aus und liefen los. Ich lief einfach hinterher. Ein Berghang mit Waldbewuchs, eine Art Bahnstation und Schienen, die den Berg hinaufführten.

Da war sie! Es gab sie also doch!

Die Bahn, die ich Frau Graf mit vier Jahren als Bus beschrieben hatte, der einen Berg hinauffuhr. Eine Bergbahn, deren Wassertank oben am Berg gefüllt wurde. Mit dem dabei entstehenden Eigengewicht beim Abwärtsfahren über ein Stahlseil, zog sie die Bahn aus dem Tal nach oben.

Wie hatte Frau Graf damals gesagt: „Rede nicht so einen Unsinn."

Einfach weil sie es nicht kannte, hatte sie mir unterstellt, ich würde Unsinn reden. Soviel zu dem Satz „Glaub mir, ich weiß, was ich sage."

Ich durfte meiner Wahrnehmung trauen. Das war sehr tröstlich. Auch den Park, in dem ich als Kind mit irgendjemand an der Hand Enten gefüttert hatte, erkannte ich wieder.

Das wurde ja immer besser! Das gab mir mehr Selbstbewusstsein, als mir irgendjemand sonst hätte vermitteln können. Bis dahin hatte ich manchmal angenommen, dass ich nicht richtig ticke. Dem war nachweislich nicht so. Ich hatte die Welt also doch richtig gesehen. Ein schöner Tag, eine schöne Erfahrung.

In der Klasse hatten wir einen richtigen Schlaumeier. Der hörte sich die Referate oder Diskussionen der anderen an und glänzte dann mit einer ganz speziellen Nummer. Er nahm das Gehörte, ohne selbst etwas dazu beizutragen, und ließ dann jeweils vernehmen: „Wenn ich mal zusammenfassen darf, was hier so von sich gegeben wurde, darf ich feststellen ..."

Er stellte dann jeweils etwas fest und nutzte dabei die Leistung der anderen. Ich empfand das als geistigen Diebstahl. Der Typ war ziemlich groß und fett. Dazu sprach er in leicht pastoralem Ton,

62

was mich so richtig zur Weißglut brachte. Dieses selbstgefällige, fette Schwein würde ich beim nächsten Handballspiel über den Platz schicken.

An einem schönen Nachmittag war es dann soweit. Er hatte gerade den Ball in der Hand und ich rannte los. Mit meinem ganzen Gewicht und ausgestrecktem Arm wollte ich ihm ein Bodycheck verpassen, der ihn über das Spielfeld schleudern würde. Mit dem Handballen traf ich ihn voll vor die Brust und Schwupps – was war denn das?

Etwas verursachte mir einen höllischen Schmerz!

Über dem Schmerz verlor ich die Orientierung darüber, was mir überhaupt wehtat. Der Arm hing wie leblos an mir herab. Der Typ setzte sich zwar auf den Arsch, aber ich hatte mir das Schulter- gelenk ausgekugelt. Scheiße!

Ich verließ die Turnhalle. Auf der Straße riss und zerrte ich an dem Arm herum, bis ich durch Zufall eine Stellung gefunden hatte, in der die Gelenkkugel wieder in die richtige Position rutschte. Der Schmerz war höllisch. Das ging vom Scheitel bis zur Sohle.

Nach etlichen Minuten ging ich wieder in die Halle und zeigte mich lächelnd. Der Dicke wies auf die Prellung seiner Brust. Immer- hin! Da hatte ich doch tatsächlich die physikalischen Gesetze sträflich unterschätzt. Ich Esel! Ich wusste doch vom Sport, dass man den Arm bei so etwas anwinkelt und nicht etwa ausstreckt.

Zorn macht einfach blöd.

Den Arm kugele ich mir noch heute ab und zu ein, da sich die Sehne bei dieser Übung endgültig überdehnt hatte. Das hätte man operieren können, dann hätte aber das Risiko bestanden – laut Dok- tor – dass der Arm steif bliebe. Das wollte ich auf keinen Fall.

Der Dicke fasste weiter unsere Arbeitsergebnisse zusammen. Warum hätte er auch damit aufhören sollen? Es stoppte ihn ja keiner.

Das erste Schuljahr ging dem Ende zu. Ich lernte eine Einrichtung kennen, in der Jugendliche untergebracht waren, die sich aussuchen konnten, ob sie sich für ihre strafbaren Handlungen in einer therapeutischen Wohngemeinschaft einer psychologischen Behandlung unterzogen oder stattdessen ihre Strafe im Knast absitzen wollten.

Man konnte sich leicht vorstellen, dass die meisten sich für die Wohngemeinschaft entschieden hatten.

Der Psychologe, der die Einrichtung mit seiner Verlobten betrieb – die auch Psychologin war – hatte das Haus gekauft und für diesen Zweck umbauen lassen. Im dritten Geschoß waren die Räume der Einrichtung, darüber und darunter lagen die Zimmer für die Jugendlichen. Unter dem Dach wohnten die beiden. In der Stadt unterhielten sie noch eine psychologische Praxis. Mittags nach der Schule begann ich für einige Stunden in der Einrichtung zu arbeiten.

Die Jugendlichen waren teilweise älter als ich. Die Arbeit war aufregend und äußerst spannend. Über das normale Maß einer Erziehungstätigkeit hinaus wurden hier Therapieformen angewendet, von denen ich nicht die blasseste Ahnung hatte.

Zunächst beschränkte ich mich darauf, mittags zusammen mit den Jugendlichen zu kochen und zu essen. Danach ging es an die Hausaufgaben. Wenn nicht gerade Therapie war, konnten sich alle selbst beschäftigen. Entweder ich besuchte mal den einen oder anderen in seinem Zimmer, oder wir tranken im Gruppenraum Kaffee. Geradeso, wie es kam. Von auswärts kamen Therapeuten, die an bestimmten Tagen Gruppentherapie durchführten.

Das erste Jahr in der Fachschule ging zu Ende. Die Arbeit nahm mich mehr und mehr gefangen.

Nebenbei begann ich Kurse in den verschiedenen Therapieformen zu belegen. Das war ein teures Unterfangen. Mit Ärzten,
Psychologen und oft auch mit katholischen und evangelischen
Priestern sowie Sozialarbeitern Ausbildungsseminare zu besuchen,
hatte was. Das Geld, das die Ausbilder dafür nahmen, war aus
meiner Sicht allerdings sündhaft. Da konnte ein Wochenende von
Freitagmittag bis Sonntagabend schon mal über tausend Mark kosten. Dazu kamen Beherbergungs- und Fahrtkosten. Nichtsdestotrotz
wollte ich alles lernen, was es in diesem Bereich gab.

Ich wurde regelrecht süchtig nach allem, was Primärtherapie,
Gestalttherapie und Transaktionsanalyse zu bieten hatten. Natürlich kaufte ich die entsprechenden Bücher und las tonnenweise
Fachliteratur. In den genannten Disziplinen belegte ich Ausbildungsseminare.

Darunter gab es auch monatelange Ausbildungseinheiten. Mich
begeisterte schlichtweg, mir Techniken, Strategien und Möglich-
keiten anzueignen, die aktives Gestalten ermöglichten. Das
unterschied sich doch wesentlich von dem Rhythmus, den ich bis
dahin kennengelernt hatte. Es bot mir eine Art Überblick und
Einschätzung von Personen und Verhaltensabläufen, wie ich sie so
vorher nicht einmal hatte erahnen können. Es relativierte so
manches und gab mir zudem eine Art Werkzeug für mich selbst
sowie auch für die pädagogische Arbeit in die Hand.

Mein Lohn und alles, was ich dazuverdiente, gingen dabei drauf.
Ich fraß die meisten Bücher regelrecht und ständig war ich auf
Ausbildungsseminaren. Zu Geld hatte ich nach wie vor kein Verhältnis, also weg damit. Warum nicht auch noch etwas dabei
lernen?

Logischerweise lernte ich eine ganze Menge über mich selbst
und über die, welche ebenfalls an den Seminaren teilnahmen. Ich
bin sicher, dass ich eine Zeitlang übertriebenen Eifer an den Tag

legte. Das wurde mir mal deutlich an einem Lied von Melanie, die ich liebte. Glory, Glory Psychotherapy ...

Jemand inserierte damals in der Zeitschrift *Psychologie heute* ein Seminar für nonverbale Gesprächstherapie. Er hätte damit richtig reich werden können. Die Zahl der Anmelder schlug alles.

Umso populärer die Therapierichtungen und alles, was damit zusammenhing, wurden, umso schärfer wurde die Kritik an den neuen Methoden. Natürlich las ich auch die. Selbst der indische Guru Bhagwan nutzte die westlichen Therapieformen und zog seine Jünger damit an – oder auf? Letzteres schien mir eher der Fall zu sein.

Im Grunde lag jeder Therapieform eine Theorie zugrunde. Die konnte stimmen oder auch nicht. Daraus wurden dann Techniken abgeleitet, die, praktisch umgesetzt, im besten Fall Erkenntnisse bei den zu Behandelnden bewirkten. Diese Erkenntnisse sollten Konsequenzen in dem unerwünschten Verhalten oder der Selbst- und Fremdwahrnehmung nach sich ziehen und eine erwünschte Änderung der erkannten Fehlentwicklung bewirken. Das ging nicht von heute auf morgen.

Die gewonnenen Einsichten und Veränderungen mussten ständig geübt und durch fortwährende Wiederholung eines neuen Verhaltens verinnerlicht werden. Die Wenigsten, die ich kennengelernt hatte, waren dieser Art von Marathon gewachsen und außer einer Erkenntnis hier und da blieben sie so blöde oder gestört wie sie es vorher auch schon waren. Damit meine ich vornehmlich die angehenden Therapeuten und nicht die wirklichen Patienten.

Das ging mir wohl nicht anders. Ich bildete mir ja auch ein, dass ich bei all dem sehr viel gelernt hätte und einen außerordentlichen Reifeprozess hinter mich gebracht hatte. Tja, so ist der Mensch.

Es gab da noch so eine Theorie. Die Krankheit benötigt zur Heilung so lange, wie sie gebraucht hatte, um sich zu entwickeln.

Bei einem Husten ging das sehr schnell.

Bei einer psychischen Störung kann man sich ausrechnen, wie lange es dauerte, bis die Seele so schreit, dass die Krankheit zutage tritt.

Am meisten beeindruckte mich die Gestalttherapie. Sie bot praktische Übungen und Techniken, sich der Seele zu nähern, und hatte oft eine erstaunliche Wirkung. Diese Therapieform kam mir sehr entgegen. Mehr als das, was ich selbst erlebte oder an Erkenntnissen gewann, würde ich nie an andere weitergeben können. Da half das viele Lesen darüber nicht wirklich weiter. Es diente eher der Vertiefung der gemachten Erfahrungen.

Ich lernte in dieser Disziplin einige der – in dieser Zeit – namhaftesten und kompetentesten Therapeuten Europas in den Seminaren kennen. Sehr eindrucksvolle Persönlichkeiten. Die Motivation der Seminar- und Ausbildungsteilnehmer war so unterschiedlich, wie es nur ging. Manche hatten einfach zu viel Geld und suchten lediglich Abwechslung. Sie hielten das Ganze für einen großen Spaß.

So wie ich es mitbekam, gingen die meisten ohnehin nicht in Therapie, um Verhaltensänderungen ihrerseits zu bewirken, sondern um sich eigene Vorurteile bestätigen zu lassen.

Ich war also sehr engagiert, machte meine Arbeit mit Eifer und wohnte in meiner kleinen Straße, in meiner kleinen Wohnung. Der Nachbarin unter mir war ich zu laut. Sie hörte meine Schritte auf dem Holzfußboden und beschwerte sich bei mir darüber. So legte ich überall Teppiche aus. Ich war ihr immer noch zu laut. Ich lief fortan nur noch auf Strümpfen und bat auch meine Besucher, sich nur noch in Socken fortzubewegen. Das taten die auch ganz brav.

Ich hatte fast nie Besuch und die wenigen, die noch kamen, wurde ich durch meine Forderungen nach immer mehr Ruhe auch noch los. Am Schluss weigerten sich die letzten, sich mit mir nur noch im Flüsterton zu unterhalten. Ich war trotz allem immer noch zu laut.

Nein, so ging das einfach nicht. Ich müsse deutlich leiser werden, forderte die Gepeinigte.

Um mich versöhnlich zu zeigen, kaufte ich einen Blumenstrauß und legte ihn mit einem Kärtchen auf ihre Fußmatte, mit der Bitte um Verzeihung für meine Ruhestörung. Am nächsten Tag hing der Blumenstrauß an meiner Türklinke mit meinem Kärtchen, das sie auf der Rückseite beschriftet hatte. Sie verbat sich die plumpe Anmache. Ab dem Tag schwebte ich durch meine Wohnung. Bodenkontakt konnte ich mir nun nicht mehr leisten.

Erschwerend kam Folgendes hinzu. Auf der untersten Stufe der Treppe lag am Sonntag immer eine Zeitung für die Vermieterin, in der gründlich recherchierte Geschichten veröffentlicht wurden, wie etwa: Doppelmord im Fahrradschlauch! Täter entkam durchs Ventil! Oder: Großer Schiffsbrand auf der Nordsee! Kein Wasser zum Löschen!

Keine Ahnung, wer die Zeitung dort hinlegte und dass sie für diese Dame war. Schon aus politischen Gründen verbat es sich für mich, Schundblätter dieser Art zu lesen, sodass ich nie einen Grund gehabt hätte, ihr das Blättchen zu stehlen. Sei's drum. Die Zeitung war weg, und obwohl das ganze Haus an ihr vorbei musste, kam logischerweise nur ich für den Diebstahl in Betracht.

Es klingelte. Vor der Türe stand die Vermieterin mit grimmiger Miene und forderte von mir eine Erklärung. Die konnte ich ihr nicht geben. Also war sie noch mehr frustriert. Die Geschichte mit dem Krach und der Zeitung zog sich über etliche Monate hin. In dieser Zeit lief erfolgreich ein Film von Roman Polanski, „Der Mieter". Ich fand meine Situation bestens beschrieben.

Dieser Mieter wurde gemobbt, weil er sich als Frau verkleidete und damit auf ein entsprechendes Echo in seiner Umwelt stieß. Nicht, dass ich mich als Frau verkleidet hätte, aber gemobbt wurde ich in meinem Haus ebenso. Dieser Mieter jedenfalls warf sich in seiner Not vom fünften Stock aus dem Fenster. Das sah grotesk aus, wie dieser völlig überschminkte Typ in seinem Frauenfummel an der Fassade hinunter auf die Straße krachte. Damit nicht genug, weil er bei dem Sturz den Tod nicht sofort gefunden hatte, schleppte er sich mit den Knochen und Gelenken, die heil geblieben waren, ein zweites Mal die ganzen Stockwerke hinauf bis zu seiner Wohnung, um sich diesmal erfolgreich noch einmal aus dem Fenster zu werfen. Der Film hatte aus meiner damaligen Sicht etwas Autobiographisches, abgesehen davon, dass ich der Lösung, für die sich diese geschundene Kreatur entschieden hatte, nichts abgewinnen konnte.

Ich kam aus dem Kino und hatte gerade diesen Film gesehen. Am Treppenaufgang unseres Hausflures stand meine Vermieterin, die ich mangels eines Geständnisses so bitter enttäuscht hatte. Nein, ich wisse immer noch nicht, wer die Zeitung genommen habe. Ja, ich war willens, dem Krach eine Absage zu erteilen. Sie könne ruhig schauen, meine Wohnung sei bereits mehrlagig mit Teppichen ausgelegt. Ja, ich wisse, wie schmerzhaft Migräne sei. Ein Stockwerk höher flog während unserer Unterhaltung – meiner ansichtig geworden – die Türe der lärmgeplagten Nachbarin krachend ins Schloss.

Ich war schon ein echter Unhold, denn am nächsten Morgen, einem Sonntag, stand ich auf und öffnete das Fenster. Das hätte ich besser gelassen. Mein Fenster gewährte sozusagen vollen Einblick.

Während ich noch da stand – oben ohne, unten nichts – und meine Gedanken und das Auge über die Dächer dieses verträumten Städtchens schweifen ließ, blieb mein Blick an der Fassade des im rechten Winkel erbauten Wohnhauses hängen.

Aus dem Fenster schauend verharrte dort – das Gesicht auf die Hände gestützt – meine Vermieterin. Schöne bunte Lockenwickler, geschützt von einem weißen Netzüberzug, schaute sie zunächst unbekümmert in meine Richtung. Als sie erkannte, dass ich nicht einmal eine Krawatte um hatte, stieß sie einen spitzen Schrei aus und warf mit gleicher Entschlossenheit – wie die unter mir Gepeinigte ihre Tür – das Fenster zu.

Hm, was konnte ich jetzt noch tun? Der Vermieter suchte mich nun heim. Was das solle, erst die Mieterin zu belästigen, vor seiner Frau den Schweif blicken zu lassen – statt umgekehrt – und überhaupt das mit der Sonntagszeitung.

Das hätte es in diesem Haus zuvor nie gegeben und würde von ihm nicht geduldet. Ich bekam die Kündigung überreicht, und musste mich nach einer anderen Bleibe umschauen. Das hatte ich, in Erwartung des Kommenden, bereits getan. Während des Umzugs kamen noch etliche Nörgeleien, und mit dem letzten Gegenstand in meiner Hand – einigen Regalwinkeln – wollte der Vermieter mich noch einmal belehren. Mir platzte die Hutschnur.

„Ich warne dich. Mach nicht, dass ich dir die Winkel vor deinen dummen Schädel haue."

Hätte sich hier nicht meine gesamte Therapieerfahrung positiv auswirken müssen?

Anscheinend war ich nicht einmal in der Lage, dem Herrn die freie Rede zu gestatten. Nichts, aber auch gar nichts hatte ich dazugelernt! Egal, er wich der rohen Gewalt. Der Weg war frei.

Neue Ansichten ...

Es hatte sich eine unerwartete Gelegenheit ergeben, in eine neue Bleibe umzuziehen.

Die Therapieeinrichtung zog mit Sack und Pack in eine Villa eines Weinortes, nahe der Stadt. Dorthin sollte ich, als Mitarbeiter der Einrichtung, mitgehen. Das kam mir in mehrerlei Hinsicht sehr entgegen. Das letzte Schuljahr arbeitete ich nun dort und fuhr mit dem Psychologen morgens in die Schule. Er fuhr einen alten Opel Diplomat. Ein richtiges Schiff von Auto. In der Stadt traf ich Fred. Fred, der mit mir im Lehrlingswohnheim gewesen war und damals im Kommissariat die Leuchtstoffröhren locker gedreht hatte. Vor einem Kaufhaus gab es einen Platz, auf dem sich alle möglichen Leute trafen. Auch Drogenabhängige hatten dort einen Stammplatz. Ich traf Fred zunächst nicht wirklich, sondern wurde Zeuge einer äußerst kuriosen Aufführung. Da standen fünf Jugendliche mit den Händen an einer Hauswand abgestützt im Spagat und wurden von drei Polizisten gefilzt. Damit nicht genug. Einer der Polizisten – so erfuhr ich später – war ein ganz harter Bursche, der mit recht unkonventionellen Methoden gegen alles vorging, was nicht rechtens war. Dabei durfte es auch mal richtig brutal zur Sache gehen. Nun begab es sich, dass der Kripobeamte den Jugendlichen die Anweisung gab, die Hosen herunterzuziehen, um eine gründlichere Kontrolle vornehmen zu können.

Selbst einer der Kollegen sah ihn verblüfft an. Alle möglichen Leute blieben stehen und wohnten der Prozedur bei. Ich konnte mir das nur so erklären, dass dieser Polizist die Jugendlichen demütigen wollte. Die eine Hose reichte ihm nicht, sodass sich am Ende fünf nackte Ärsche der peinlichen Aktion unterziehen mussten. Ein Hintern war braun.

Ich schaute an dem Burschen hoch und erkannte Fred. Der war auf das Geschehen konzentriert und sah wohl niemanden mehr. Am Schluss mussten sich die fünf umdrehen und bekamen erst jetzt die Erlaubnis, sich die Hosen wieder anzuziehen.

Der Vorgang war ungeheuerlich und sicher nicht von Polizeibefugnissen gedeckt. Diese öffentliche Demütigung machte mich wütend, aber ich konnte nichts tun. Aus der Menge kamen Buhrufe und Beleidigungen für die Polizisten und das war's. Die fünf wurden zu Polizeiwagen bugsiert und abgefahren. Solche Dinge vergesse ich nicht. Sie stellen mein Weltbild auf den Kopf und wecken niedere Instinkte bei mir. Hass war da kein Fremdwort mehr.

Die Sache ließ mich nicht los. Ich ging wieder zu diesem Platz und hoffte, Fred zu treffen. Mir war eine Idee gekommen und ich wollte wissen, ob die umzusetzen war.

Tatsächlich stand er dort. Nun erkannte er mich auch.

„Hallo Fred, was machst du auf diesem Platz?"

„Ich hänge hier nur so ein bisschen rum, warum?"

„Nichts warum. Ich habe vor etlichen Tagen deinen Arsch an einer Hauswand bewundern dürfen, sonst wüsste ich nicht, dass du dich hier herumtreibst. Du solltest hier nicht sein." „Hast du eine andere Idee?"

Genau die hatte ich.

„Nimmst du Drogen?"

„Mal ein bisschen Heroin. Gedrückt habe ich nur einmal, aber das ist nicht so gut."

„Ich weiß ungefähr, was scheiße ist. Ich kann dir sagen, dass was du hier machst, ist scheiße."

Fred war ein Jahr älter als ich. Ich kannte sein Gemüt. Er war gutmütig, aber ein bisschen unsicher. Das kam unter anderem durch seine Hautfarbe.

„Ich arbeite in einer therapeutischen Wohngemeinschaft, die

gerade neu eröffnet hat. Soll ich fragen, ob du da einen Platz bekommen kannst? Du musst ja nicht gleich im ersten Satz erzählen, dass du Drogen nimmst."

„Wer bezahlt das?"

„Du bist achtzehn und bekommst die Unterstützung wahrscheinlich noch vom Jugendamt. Da soll sich doch der Psychologe und seine Verlobte einen Kopf machen."

„Wenn das ginge, wäre ich dabei."

„Okay, ich melde mich wieder."

Worauf würde ich mich da nur einlassen? Keine Ahnung. Einfach etwas tun. Keiner würde sonst etwas tun. Ich schon.

Ich sprach mit Jörg – so hieß der Psychologe – und seiner Verlobten Marie. Ja, das könnte schon gehen. Ob ich denn genügend Autorität bei Fred aufbringen könne, um ihn in die richtige Bahn zu lenken, wenn es mal kritisch werden würde. Fred war etwa doppelt so stark wie ich und über zwei Meter groß, das konnte aber wohl nicht gemeint sein.

„Ich biete ihm eine Möglichkeit und ich werde ihm helfen, wo ich kann."

Das schien den beiden zu genügen.

Ich trabte wieder zu diesem Platz, um Fred aufzusuchen.

„Und, wie sieht es aus?"

„Ich schlage vor, du nimmst deinen Pass und wir gehen zum Jugendamt. Irgendwie müssen wir das ja anleiern. Marie und Jörg würden dich aufnehmen."

Er zeigte sich hocherfreut. Also gingen wir los. Uns zu Hilfe kam der Bewährungshelfer von Fred, der sich mit dem Jugendamt kurzschloss. Den Bewährungshelfer hatte er wegen einer Drogengeschichte.

Der zuständige Sacharbeiter wolle sich mit der Einrichtung in Verbindung setzen, um eine Lösung herbeizuführen. Ich nahm Fred mit zu dem Treffpunkt, wo Jörg mich mit dem Auto abholte.

Fred bekam am selben Tag ein Zimmer zugewiesen. Er hatte immerhin den Abschluss der Volksschule und wollte nun die Mittlere Reife machen. Das klang gut. Mir fiel meine kleine Armee ein. Wen hatte Fred in seiner Truppe? Seine richtigen Eltern kannte er ebenso wenig, wie ich meine. Mir kam etwas in den Sinn. Könnte Fred nicht auch eine kleine Armee haben, die er vernachlässigt hatte? Er bräuchte doch nur die Beziehung wieder herzustellen.

So schlug ich ihm vor, seine Pflegeeltern zu besuchen, mit denen er Jahre keinen Kontakt gepflegt hatte. Ich hielt das in jedweder Weise für wichtig.

„Unser Bub", hatte die Frau in unserem Telefonat gesagt. „Wir hatten immer Angst, er würde irgendwann auf diesem Platz an den Drogen sterben." Sie wussten also genau, wo er war und was er trieb.

Die beiden waren schon etwas älter und machten keine großen Reisen mehr. Eine knappe Stunde Zugfahrt und wir waren da. Eine schwere Frau, die mir vorkam wie meine Omi in der Einfahrt und ein älterer, großer Mann, der beim Anblick von Fred Tränen in den Augen hatte.

Nun weinten auch die Mutter und der Fred. Sie hatte für uns gekocht. Böhmische Knödel, Braten und eine leckere Soße. Sie ließen sich von Fred erzählen, wo er jetzt war und was er so tat. Er war nicht wiederzuerkennen. Er war wieder zu Hause angekommen. Am Abend fuhren wir wieder zurück.

„Mann, James, ich hätte das nicht gedacht. Das war die beste Idee, die du je hattest."

„Du bist ein ganz schöner Trottel, dir jahrelang die böhmischen Knödel entgehen zu lassen."

Wir fuhren noch oft zu seinen Pflegeeltern. Seine Mutter kochte dann immer und wir fuhren in deren Garten am Rande ihres

Wohnortes. Das wurde zu einer guten Gewohnheit. Mit der Schule ging es bei mir und auch beim Fred wunderbar. Er wurde immer selbstsicherer. Manchmal wirkte er erstaunlich erwachsen. Zu der Villa der therapeutischen Wohngemeinschaft gehörte ein kleiner Pool im Garten und eine Sauna für etwa fünfzehn Personen.

So oft es ging, stellten Marie und Jörg die Sauna an und wir gingen allesamt schwitzen.

Als Kleinsteinrichtung hatte das Haus zehn Jugendliche zu betreuen. Mehr hätten es bei den unterschiedlichen Schwierigkeitsgraden auch nicht sein dürfen.

Zwei Jugendliche waren wegen versuchten Totschlags bei uns. Das war keine Kleinigkeit. Beide hatten ihre ganz eigene Vergangenheit. Der Größere von den beiden versuchte mich auszureizen, wo es ging. Der hieß Otto. Mit seinem Kumpel Peter war er auf den Strich gegangen und beide hatten für einen Schausteller gearbeitet. Den hatten sie irgendwann kurz und klein geschlagen. Darauf waren sie ziemlich stolz.

An einem Abend in der Sauna wollten die beiden es wissen.

„Na, James", sagte Otto, „immer schön brav gewesen im Leben?"

„Was willst du wissen?"

„Du tust immer so brav. Bist du ein Pazifist?"

„Ich werde auf jeden Fall den Wehrdienst verweigern, wenn du das meinst."

Peter rückte mir seitlich auf die Pelle. Das konnte ich überhaupt nicht ab.

Er stellte sich so dicht neben mich, dass ich ihm fast eine geschossen hätte.

„Lass das."

„Wieso?", sagte Otto, „der macht doch nichts."

„Aber ich mache ihm gleich was."

„So, was willst du denn machen?"

Ich war noch nie ein Freund von langen Drohgebärden und Schubsereien. Ich hatte es schon immer gehasst, wenn man mir zu dicht auf die Pelle rückte. Da schwoll mir dann regelmäßig der Kamm. Außerdem war zu so einem fortgeschrittenen Moment die Auseinandersetzung meist schon so kriegerisch, dass man – schon aus reinem Selbstschutz – getrost nach vorne losgehen konnte. Das tat ich dann auch.

Wenn der Depp sich schon so dicht an mich ranschaffte, dass wir praktisch schon Hautkontakt hatten, konnte ich die Distanz auch auf null bringen. Ich griff Peter beherzt am Sack und zog ihn hinter mir her auf die Wiese vor der Sauna. Er hatte keine andere Chance, als mir zu folgen. Natürlich sah Otto das und ging uns nach. Vor der Sauna ließ ich ihn los und dann regte er sich natürlich auf.

„Was sollte das denn?"

Die anderen in der Sauna traten ebenso ins Freie und sahen der Entwicklung entgegen.

„Hier draußen haben wir ein bisschen mehr Platz und keiner verbrennt sich den Arsch am Saunaofen", sagte ich.

„Du kannst mich doch nicht einfach an den Eiern aus der Sauna ziehen!" Den roten Kopf hatte er vor Zorn und nicht etwa von der Saunahitze.

„Wärst du sonst mitgekommen? Also, ihr beiden macht jetzt das, was ihr vorhattet oder ich gehe wieder in die Sauna. Was ist?"

Nach einer kurzen Pause blies Otto zum Rückzug.

„Leck mich doch am Arsch!", sagte er.

„Gut, wenn es das war, gehe ich wieder."

Ohne noch einmal behelligt zu werden, ging ich mit den anderen in die Sauna zurück. Ich wusste, dass ich ab sofort aufpassen muss-te. Wenn die nicht offensiv werden konnten, würde sicherlich eine Attacke folgen.

76

Ein Junge in der Einrichtung war etwa zwölf und hatte einen harten Weg hinter sich gebracht. Bei seinen Eltern fand man ihn so wie etwa Kaspar Hauser vor, der sich fast wie ein Tier auf allen Vieren bewegte und in der Sprachentwicklung weit zurück lag. Holger war einige Jahre in einem Kinderdorf betreut worden, schien aber dort seine Betreuer bei Weitem zu überfordern. Nun war er hier. Ich lernte ihn als sehr ungestümen Jungen mit reichlich aggressivem Potenzial kennen. Er tötete rund um das Haus alles, was er an Vögeln kriegen konnte, quälte Katzen und schien dabei keinerlei Bedenken oder etwa ein schlechtes Gewissen zu haben. Er war ein drahtiger, muskulöser Typ. Er hatte tatsächlich etwas Animalisches. So einen hatte ich noch nicht kennengelernt. Wäre der älter gewesen, hätte der mir auf jeden Fall Angst gemacht. Nichts, womit man Kontakt hätte haben wollen.

Nun war er hier und es hieß, ihm Entwicklungsmöglichkeiten zu bieten. Zu dem Zweck hatte er unter anderem Therapie in der psychologischen Praxis in der Stadt. Für die Gruppentherapie war er noch zu jung. Ein absolut vitaler Kerl, der Leben für zehn im Leib zu haben schien.

Einmal ging ich mit ihm durch die Stadt und uns kam ein Mann mit einem Schäferhund entgegen. Als er auf gleicher Höhe mit uns war, sprang der Hund auf uns zu und versuchte nach uns zu beißen. Ich machte einen Satz rückwärts. Nicht so Holger. Der ging - sauer ob des Gebaren des Hundes - auf diesen zu und versetzte ihm rechts und links ein paar saftige Ohrfeigen, als sei das die leich-teste Übung der Welt. Das ging in einer derartigen Selbstver-ständlichkeit und so schnell vor sich, dass ich Mühe hatte zu begreifen, was da gerade abgegangen war. Selbst der Hund war überfordert. Der quietschte und warf sich auf den Rücken, um sich zu ergeben.

„Tu das nie wieder", ermahnte Holger den Hund und ging

weiter, als sei nichts gewesen. Der Besitzer des Hundes war so fassungslos wie ich. Ein kurzes „Entschuldigung" und schon ging ich weiter. Ich musste schauen, dass ich Holger wieder einholte, weil der weitergelaufen war. Bei dem hatte sich nicht einmal die Pulsfrequenz erhöht. Ab diesem Tag wechselte ich mit ihm die Straßenseite, wenn uns jemand mit Hund entgegen kam.

Ich konnte ihn ab und zu überreden, zu malen, wie er die Welt sah. Jesus, was für Bilder. Da war Mord und Totschlag. Blut ohne Ende und das grauslichste Zeug, das man sich nur ausdenken konnte. Wo normalerweise alles Denken von Grausamkeit und Sadismus von mir wegführte, weil ich als normaler Mensch natürlich einem gesunden Ideal nachstrebte, musste ich mich hier auf genau das Gegenteilige einlassen. Das war nicht immer einfach. Ich lauerte regelrecht auf jedes Fünkchen, mit dem Holger ein – sei es auch ein noch so verstecktes – Signal der Milde oder einer Art Güte zeigen würde. Erst einmal gab es einfach nur die Möglichkeit, ihm vorzuleben, dass die Menschen gut wären und die Welt keine Fallstricke auswarf, die sein Weltbild bestätigen würden. So friedlich waren leider nicht alle, sodass diese Lösung kaum einen wirklichen Weg bot. Holger war kein Nachahmungstäter positiver Vorbilder. Seine Anleihen nahm er vorzugsweise in der Tierwelt. Er schien es nicht anders gewohnt. Noch ein halbes Jahr Schule, und der theoretische Teil der Ausbildung läge hinter mir. Mit Fred ging es mehr als gut. Er hatte einen eigenen Rhythmus entwickelt und brauchte mich kaum noch. Ganz selten wurde ich mal etwas gefragt. Irgendwann würde die Zeit kommen, wo ich seine Fragen sicher nicht mehr beantworten konnte. Gerade in Mathe, Physik und Chemie war ich nie eine große Leuchte gewesen. Genau in diesen Fächern entwickelte aber Fred sein Können. Das sollte ihm noch sehr von Nutzen sein.

Auf und ab, hin und her ...

Nun begab es sich, dass Fred in den uns umgebenden Weinbergen, bei einem Spaziergang am späten Abend, ein Auto stehen sah. Das Auto lief und keiner saß drin. Wie verlockend! Er setzte sich hinein und fuhr los. Ein innerer Zwang – wie er später beschrieb – hatte ihn dazu veranlasst.

Nur wenige hundert Meter weiter lag ein altes Schloss, deren Besitzerin – eine Gräfin – ebenso durch die Weinberge spazieren ging wie Fred. Das heißt, er fuhr bereits und sie lief noch. Den Knall, als Fred mit dem Auto in den Graben fuhr, bekam sie mit. Flugs lief sie in Richtung des Lärms und sah die Bescherung.

„Was machst du mit diesem Auto?"

Fred konnte oder wollte keine schlüssige Antwort geben, so verdattert war er.

„Das stand da vorne herum."

„Weißt du, wem das gehört?"

„Nein."

„Das ist das Auto vom Bürgermeister der Gemeinde."

„Aha."

Irgendwie schien ihr die Not des jungen Mannes ans Herz zu gehen. Die Gräfin war schon um die siebzig, aber geistig und körperlich äußerst fit.

„Komm mit, ich habe einen Traktor. Wir ziehen das Auto aus dem Graben."

Nun landete Fred im Schloss und die Gräfin bat ihn, in der Einrichtung anzurufen, damit die wenigstens wüssten, wo er stecken würde. Am Telefon verlangte er nach mir und erklärte sein Ungemach. Na Klasse! Ein sogenannter Rückfall in altes Verhalten.

Das kam gar nicht so selten vor und war für mich nicht

ungewöhnlich. Da war ich selber bestens mit vertraut.

Nun musste man einfach schauen, wie mit der Situation fertig zu werden war. Es gab eine Regel in der Pädagogik, die etwa so lautete, dass ein Rückfall – demjenigen, der ihn erlitt – anzeigt, wie weit er schon einmal gekommen war. Dabei ging man davon aus, dass der Punkt, bis zu dem der Rückfall stattfand, der stabile Punkt sei. Bis dahin war Fred also stabil, denn er hätte anderenfalls Schlimmeres tun können.

Eine harmlose Autofahrt war aus meiner Sicht also nicht weiter tragisch. Er wünschte sich nun, nicht getan zu haben, was er da verbockt hatte. Wunsch und Wirklichkeit waren halt zwei sehr unterschiedliche Kinder.

Noch während der Abschleppvorgang im Gange war – mit Gräfin auf dem Traktor und Fred im Auto am Steuer sitzend – traf ich mit dem Bürgermeister zeitgleich am Ort des Geschehens ein. Der war sehr ungehalten.

„Sie müssen demnächst die Handbremse anziehen, wenn sie Ihr Auto verlassen", sagte die Gräfin zu dem Bürgermeister.

„Ich hatte das Auto etliche hundert Meter weiter unten stehen lassen. Wie kommt das denn hierher?"

„Der junge Mann hat versucht, das Auto abzustellen, dabei ist es wohl losgerollt."

„Genau", meinte Fred.

Alles Hin und Her half nicht, der Bürgermeister kam mit seiner Rede nicht durch. Man konnte natürlich ahnen, was passiert war, aber mit einem Beweis tat er sich schwer.

„Soll ich Sie nun herausziehen, oder nicht? Der Junge hat keinen Führerschein. Sie sehen ja, wo das hinführt, wenn so ein Fußgänger helfen will, nur weil Sie Ihr Auto mit laufendem Motor abstellen."

„Ist ja gut. Natürlich muss das Auto da raus."

So lernte ich die Gräfin und zugleich den Bürgermeister kennen.

Der fuhr weg und die Gräfin chauffierte uns mit ihrem Traktor zu unserem Haus.

„Den Fred kenne ich ja nun. Wer bist du?"

„Ich arbeite als Betreuer hier. Sie können mich James nennen. Meinen Sie, es gibt noch Ärger mit dem Bürgermeister?"

„Ach was, der ist ein bisschen dusselig, aber sonst ganz nett."

Wir bedankten uns, und die Gräfin knatterte mit ihrem Traktor ihrem Schloss entgegen. Ich fand das genial, wie die Gräfin Fred seines Problems enthoben und zugleich dem Bürgermeister eine Zwei auf den Rücken gemalt hatte - wie ich das nannte.

„So Fred", richtete ich das Wort an ihn, „nun muss ich dir als dein Betreuer mal ins Gewissen reden. Du darfst so etwas nie mehr tun. Hast du mich verstanden?"

„Du mich auch."

„Okay, du hast verstanden."

Wir lachten uns schlapp. Ich hätte ihm ja nicht mehr erklären können, als das, was er schon wusste. Keiner sonst hatte etwas davon mitbekommen.

Ab und zu fuhr ich mit den Hausbewohnern in die Disco. Eigentlich gab das nie Probleme, weil Alkohol untersagt war, obwohl manch einer heimlich sein Bierchen schlürfte.

Das kommentierte ich meistens nicht, wenn es im Rahmen blieb. An dem Abend geschah allerdings etwas anderes.

Beim Bezahlen für die Gruppe schob mich einer nach rechts aus dem Sichtfeld des Kassenfensters. Ich war gerade dabei, für die Gruppe das Geld zu zählen. Ich schaute auf, und sah einen Typ in Motorradkluft, der sich wohl dank seiner Größe einbildete, er hätte hier das Sagen.

„Ich bin gerade am Zahlen. Warte einen Moment."

Mit diesen Worten schob ich mich wieder vor das Fenster, wobei ich ihn wegdrücken musste. Jetzt tat er etwas, das bei mir überhaupt nicht ging. Er griff mir mit der Hand ins Gesicht. Es verging keine Sekunde und ich hatte ihn am Hosenbund und seinem Hals. Mit ihm im Griff stürzte ich auf die Türe am Eingang zu. Kurz hinter dieser geöffneten Türe gab es eine Glastür, die ich aber erst im letzten Moment – und viel zu spät – sah. Durch den Schwung, den wir drauf hatten, rasten wir auf diese Türe zu. Ich hätte den Bewegungsablauf beim besten Willen nicht mehr stoppen können. Der Typ sah die Türe vor sich und ruderte mit den Armen. Bei dem Versuch, sein Gleichgewicht wieder zu erlangen, geriet er immer mehr in Schräglage. Im letzten Moment ließ ich los, um nicht mit ihm zusammen zu stürzen. Er drehte sich und flog rückwärts durch die Scheibe ins Freie. Ich konnte mich kurz vorher noch an der Wand abfangen.

Ein paar Ordner kamen, aber es gab eigentlich nichts mehr zu regeln.

„Der Mann hat mich angegriffen."

Das wurde von dem Kassierer und den Jugendlichen bestätigt.

„Ihr habt beide Hausverbot", hieß es.

Der Typ hatte Glück, dass er die schwere Motorradkluft anhatte, die an einigen Stellen aufgeschnitten war. Ich hinterließ meine Adresse und musste draußen warten, bis die Jugendlichen in der Disco abgetanzt hatten. Ich kam an dem Abend nicht mehr rein.

Der Kerl war mit einem Motorrad davongefahren.

Außer zarten Hinweisen, noch Monate später, wurde über diese Geschichte nicht mehr gesprochen. Ich wusste auch, dass mein Handeln gegenüber dem Typ mit einer therapeutischen Maßnahme nichts zu tun hatte. Oder vielleicht doch?

Tage später kaufte ich einen riesigen Blumenstrauß und brachte ihn der Gräfin. Die war davon sehr angetan und lud mich zu einem Espresso und einem trockenen Sherry ein.

Mit ihr wohnten im Schloss einer von zwei Söhnen, ihr Mann und eine etwas jüngere Freundin, die ihr den Haushalt besorgte. Die Freundin war auch eine Gräfin, von polnischem Adel, die vertrieben und ihrer Habe und ihres Gutes beraubt worden war. Wie die Gräfin auch war sie eine außerordentlich liebenswürdige Person. Ich erhielt von beiden die Erlaubnis, mich wieder einladen zu dürfen. Ich nahm sogar mal den Holger mit zu den beiden und siehe da, die drei verstanden sich prächtig.

Holger erzählte denen die unglaublichsten Geschichten. So zog er angeblich gerade in seiner Badewanne einen Hai groß, oder er erzählte von Jagden im Urwald, die sein Vater regelmäßig unternahm. Der kannte seinen Vater überhaupt nicht, aber das war egal. Es gab bei den Gräfinnen immer viel zu lachen. Die beiden lehrten mich etwas über Gelassenheit und Geschehnisse heiter hinzunehmen.

Jörg heiratete Marie, und es gab ein großes Fest. Nun nannten sie sich Herr und Frau Fleischer. Jörgs Eltern wohnten in Norddeutschland und einmal war ich mit ihm dort. Der Vater war Prokurist einer riesigen Stahlbaufirma. Im Erdgeschoß gab es einen großen Swimmingpool, in dem ich baden durfte. Wir waren dort von Samstag bis Sonntag.

Zum ersten Mal sah ich ein Wohnzimmer mit drei großen Sitzgruppen. Die waren so auf etwa sechzig bis siebzig Quadratmeter verteilt. Wozu so viele Sitzmöbel nötig waren, erschloss sich mir nicht im Mindesten, aber das konnte mir auch egal sein.

Im Dachgeschoß gab es mehrere Gästezimmer. Eines davon bezog ich. Jedes Zimmer hatte ein eigenes Bad. Luxus wurde großgeschrieben. Völlig konträr zu diesem Bild gestaltete sich das Verhalten der Eltern von Jörg.

Am Morgen rasierte ich mich im Bad. Ich hatte dabei nichts an. Plötzlich flog die Türe auf und Jörgs Mutter stand neben mir. Es schien ihr nichts auszumachen, dass ich nackt war.

„Wir verbrauchen hier nicht sinnlos unser Wasser. So, jetzt steckst du den Stöpsel ins Becken und nimmst ein wenig davon. Damit kannst du den Rasierer ausschwenken, bis du fertig bist. Dann darfst du dir das Gesicht abwaschen."

Die Respektlosigkeit schockierte mich. Der Geiz betreff des Wassers war krank, wenn ich an den riesigen Swimmingpool dachte.

Nun kam es aber noch richtig dick. Sie war noch nicht fertig mit mir.

Am Frühstückstisch hörte ich, was sparen wirklich heißt.

„James, wir schmieren hier die Butter nicht so dick aufs Brot."

Das war ernst gemeint!

Nun kannte ich wahrlich arme Leute, bei denen mir solche Worte sicher ein schlechtes Gewissen gemacht hätten, aber selbst dort hatte ich so etwas noch nie gehört.

„Ich kann gerne zum Sparen etwas beitragen."

„So, hast du da eine Idee?"

„Ja, ich verzichte ganz auf das Frühstück und danke für Ihre Großzügigkeit. Morgen bringe ich ihnen noch einen Eimer Wasser vorbei."

Jörg versuchte mich zu maßregeln.

„Du musst nicht frech werden zu meiner Mutter."

Da platzte ich. Ich verließ ohne Kommentar das Haus und machte mich auf den Weg zum Bahnhof. Zuhause schmierte ich in aller Ruhe ein dickes Brot mit viel Butter, belegte es mit sehr viel Wurst und wünschte mir einen guten Appetit.

Was Geld betraf, hätte ich von Reichen wirklich lernen können. Die hatten davor so viel Respekt, dass sie sogar andere damit krank machten. Die konnten sich leisten, blöd zu sein. Dummheit konnte man nämlich mit Geld ausgleichen. Dazu war ich allerdings zu arm.

Jörgs Kommentar, als wir uns wieder sahen, war äußerst simpel.

„So ist die Kriegsgeneration eben."

Ich hatte mit mehr Verständnis gerechnet.

„Ich kenne auch Kriegsgenerationen. Das was bei euch abgeht, schlägt alles."

Meine Zweifel an ihm wuchsen.

Ich fuhr dort nie mehr hin.

Praktische Erfahrungen ...

Meine Welt gestaltete sich in der Weise, dass ich meinen theoretischen Abschluss entgegennehmen durfte. Nun sollte sich noch ein sogenanntes Anerkennungsjahr anschließen. Erst nach diesem würde ich meine ordentliche Weihe als ausgebildeter Pädagoge mit dem Staatsexamen als Erzieher erhalten.

Seit meinem Entschluss, Erzieher zu werden, waren nun einige Jahre vergangen. Ich war Anfang Neunzehn.

Es hatte lange gedauert und ich glaubte, die Geschichte mit Otto und Peter vor der Sauna schon fast vergessen, als Otto in der Küche aufräumen sollte. Eigentlich dachte ich daran, ihm zu helfen. Er trocknete gerade das Besteck ab, und legte die fertigen Sachen auf die Anrichte.

„Leg doch das Besteck gleich in die Schublade, dann brauchst du es nicht noch einmal in die Hand nehmen."

„Halt doch einfach die Fresse!", kam da zurück.

„Eigentlich wollte ich dir helfen, aber ich kann es auch sein lassen."

„Verpiss dich, du Wichser!"

Mir schwoll die Ader. Dann – so entschied ich die Sache – ging ich halt mal auf Hundert.

„Wer von uns beiden ist hier der Wichser? Bist du auf den Strich gegangen, oder ich?"

Da knallte er völlig durch. Er griff nach einem Messer und wollte sich gerade zu mir umdrehen. Eine Schranktür, auf Kopfhöhe im Oberschrank, stand offen. Bevor er sich richtig drehen konnte, schlug ich die Schranktüre zu und traf ihn empfindlich am Kopf. Otto steckte nun fast im Schrank, bis die Tür mit einem Knall aus den Angeln flog. Ich griff sein Handgelenk und schlug es auf der

Kante des Unterschrankes auf. Das Messer fiel auf den Boden. Nun wollte ich auch nicht warten, bis er sich wieder aufbaute und trat ihm mit dem Fuß vor den Brustkasten. Zwischen dem Ober- und Unterschrank hing Otto nun und litt sichtlich unter Schmerzen. Wie sich später herausstellte, hatte ich ihm eine Rippe gebrochen. Das Handgelenk war schwer gestaucht. In die Küche kam ein aufgeregter Jörg Fleischer.

„Das geht so nicht. Du kannst hier nicht wahllos Jugendliche zusammenschlagen!"

„Jetzt wird's aber lustig. Der Otto hat mich mit dem Messer angegriffen, da werde ich mich doch wohl wehren dürfen?"

Tagelang wurde darüber gesprochen, diskutiert, therapiert und spekuliert. Am Ende aller Debatten wurde ich einige Wochen später, nach einer Therapiesitzung, gefragt, wie ich nun dazu stehen würde.

„Wenn ich mich nicht wehren darf, müsst ihr mich rausschmeißen. So einfach sehe ich das."

Eine Abstimmung der Jugendlichen, der Therapeuten, Jörg und Marie Fleischer ergab eine mehrheitliches Ergebnis zu meinen Gunsten. Ich fand es nicht mehr als vernünftig von ihnen, sich meiner Sicht der Dinge anzuschließen. Otto unterließ es fürderhin, mich zu reizen.

Als Pazifist ging ich bei ihm nun nicht mehr durch. Das erleichterte unser Zusammenleben.

Ansichten ...

Eine landeseigene Einrichtung hätte mich allerdings gerne als Kämpfer für die gerechte Sache verpflichtet.

Das Kreiswehrersatzamt hatte mich, wie tausend andere, eingeladen, um meine Tauglichkeit für die Bundeswehr zu prüfen. Jemand empfahl mir, eine Tube Zahnpasta zu essen. Das gäbe Fieber und führe unweigerlich zur Untauglichkeit. Allein mir fehlte der Glaube daran. Also ließ ich die üblichen Prozeduren über mich ergehen, die jeder kennt. Einige Dinge waren eher peinlich und leuchteten mir vom Sinn her nicht ein.

Ich hatte nicht vor, deren Ruf zur Schlacht zu folgen, und rüstete mich bereits mental zur Gegenwehr. Zum Bund würde ich nicht gehen. Den Wehrdienst zu verweigern, sah ich auch nicht ein, da ich bereits sozial engagiert war. Was sollte ich also noch Ersatzdienst ableisten? Das wollte ich auf keinen Fall zulassen. Aus meiner Sicht war ich seinerzeit schon von Theo als Soldat ausgebildet worden. Alles, bis auf den Kampf mit der Waffe hatte ich gelernt und war nicht willens, mir von irgendeinem unterbelichteten Jemand etwas befehlen zu lassen. Genau betrachtet war ich bereits wütend. Dass man mir derlei noch einmal antun wollte, nahm ich dem Verein sehr übel. Vor dem Musterungsausschuss erklärte ich, dass ich mich sogar für zehn Jahre freiwillig melden würde, wenn ich die Entscheidungsgewalt über meine Waffe bekäme.

Sollte mir einer quer kommen, um mich in unangemessener Weise zu schikanieren, würde ich dem eine Kugel in den Kopf jagen.

„Gebt mir eine Waffe und ich entscheide, wen ich damit umlege. Das ist meine Bedingung. Dann könnt ihr mich haben."

Die buschigen Augenbrauen des Vorsitzenden zuckten.

„Würden Sie Ihre Rede aufrechterhalten, wenn's drum ginge?"

„Ich würde Ihnen gerne zeigen, dass ich das Gesagte aus Überzeugung lebe. Geben Sie mir ein Gewehr und probieren Sie es aus."

„Das geht so nicht, junger Mann."

Ob ich die Konsequenzen eines solchen Verhaltens kennen würde, so wurde ich gefragt.

„Sie können mich ersatzweise gleich in ein Militärgefängnis werfen. Ähnliches habe ich auch schon hinter mir."

Was ich sagte, meinte ich todernst. So wurde es auch verstanden. Ich durfte nicht zum Bund. Untauglich.

Mich konnte man alles andere als autoritätsfixiert nennen. Es hätte mich umgebracht, mich diesen dummsinnigen Ritualen und noch blöderen Anweisungen unterwerfen zu müssen.

Die Situation als Soldat wäre – aus meiner Sicht – etwa wie die eines Kindes in falschen Händen. Soldaten haben keinen Willen. Glaub mir, was ich sage, stimmt schon. Es ist nur zu deinem Besten. Gehorche einfach und du hast keine Probleme.

Das ging mit mir nicht mehr. Jedes andere Problem wäre mir lieber als das, welches ich dann angeblich nicht gehabt hätte.

Ich hätte mich nicht mehr willenlos einer Organisation, einer Person oder irgendeiner Gruppe überlassen können. Was ich nicht selbst in der Hand halten würde, wollte – und konnte – ich nicht mehr ertragen. Man gibt sich doch nicht die Mühe, eine eigene Individualität zu entwickeln, um sie dann auf Wunsch zur Seite zu legen. Schon gar nicht für die Unsinnigkeit, mir einen konstruierten Stellenwert zuschreiben zu lassen, der meiner Persönlichkeit nicht annähernd gerecht werden könnte.

Bei Unterhaltungen mit anderen wurde versucht, mir Statements zu verkaufen, die mich regelrecht anwiderten.

Da war etwa von Kameradschaft die Rede und wurde in den

höchsten Tönen gepriesen. Kameradschaft in einer Zwangsgemein-schaft funktioniert nicht. Da wusste ich aus Erfahrung mehr drüber.

Was beim Bund als Kameradschaft verkauft wurde, bezog sich lediglich auf den gemeinsamen Überlebenswillen gegenüber den bescheuerten Autoritäten und deren Befehlen. Nirgends wurde aus Verzweiflung so viel gesoffen wie da. Von keinem Haufen hörte ich mehr über gegenseitige Quälereien und Schikanen als vom Bund. Die Wenigsten waren doch freiwillig dabei. Die sogenannte Kameradschaft taugte meist so lange, wie der Wehrdienst ging. Nichts da, davon konnte mich keiner überzeugen.

Nie hat mir auch nur einer eine Freundschaft gezeigt, die aus dem Gemeinschaftssinn und der Kameradschaft eines erzwungenen Militärdienstes erwachsen war, nachdem er dann endlich entlassen wurde. Ich kenne von ehemaligen Teilnehmern nur das Zentimeter-maß, an dem penibel die Tage abgezählt wurden, um dem Ganzen endlich zu entkommen. Wer an seine Rede glaubte, sollte doch hingehen und es toll finden.

Das amerikanische Militär schien sich ebenso für mich zu interessieren. Durch die Angaben meiner Mutter, die ja unter ande-rem auch von der amerikanischen Polizei gesucht worden war, musste ich als Karteileiche in einer Registratur dieser Armee gelandet sein. Bis dahin war ich dem Land gleichgültig gewesen. Zumindest hatte ich nie vorher etwas von denen gehört.

Nun aber, gesund und groß von Wuchs, erinnerte man sich mei-ner und so flatterte mir eine Anfrage des Militärs ins Haus. So einen hätte man doch in Vietnam ganz gut brauchen können. Es genügte zum Glück, denen mitzuteilen, dass ich die deutsche Staatsange-hörigkeit hatte, um ihrem Ansinnen einen abschlägigen Bescheid erteilen zu können.

Da musste ich dem deutschen Staat nun wirklich meinen innigsten Dank aussprechen. Das eigene Militär wollte mich nicht und die amerikanischen Streitkräfte mussten notgedrungen auf mich verzichten. Einen wirklichen Verlust sah ich für beide Lager nicht.

My home is my castle ...

Ich musste mir nun Gedanken machen, wo ich mein Anerkennungsjahr machen wollte. In Betracht kam ein Kinderheim in
der Landeshauptstadt. Ich zog in eine Wohnung in einem Arbeiter-
viertel. Im fünften Stock hatte ich ein Zimmer und eine große
Küche. Von der Firma Gorenje baute ich einen Herd ein, der
gleichzeitig als Heizung diente. Unter der Spüle wurde eine
Ausziehwanne eingebaut, also hatte ich auch ein Bad. Eine Toilette
und ein kleiner Raum, der mir als Lager diente, rundete das
Ensemble ab.

Die therapeutische Wohngemeinschaft war nicht aus der Welt
und ich besuchte sie öfter. Manchmal machte ich sogar mit Fred
noch Aufgaben oder wir unterhielten uns über Gott und die Welt.
Holger freute sich immer, wenn ich kam, und wir malten etwas,
oder er erzählte mir seine Geschichten.

Immer mal nahm ich ihn auch mit zur Gräfin. Das schien für ihn
etwas Heilsames zu haben. Meist war er hinterher wie ein ganz
normales Kind, ohne große Allüren.

Ich hatte mir ja mal vorgenommen, mir Gedanken zu machen,
wo ich in dieser Welt stehe und wo nicht. Das Gefühl, etwas zu
vermissen, kam immer wieder und die Trauer war eine Begleit-
erscheinung davon. Das Ergebnis aller Überlegungen war, dass ich
etwas brauchte, wofür ich soziale Verantwortung übernehmen
musste. Nur allein zu sein und mich um mich selbst zu drehen,
sollte nicht sein.

Bereicherung ...

Eines Tages hatte ich dann die Idee. Ich beschloss, mir einen Hund zuzulegen. Tage später befand ich mich zu diesem Zweck in einem Tierheim. Es müsste schon ein kleiner Hund sein, so dachte ich, wenn ich den als Erzieher mit ins Kinderheim mitnehmen wollte. Der Logik folgend, fand ich mich an dem Zwinger für Welpen wieder, in dem kleine Hunde auf jeden zustürzten, der sich blicken ließ. So rannten alle auf mich los und sprangen an dem Gitter hoch, das mich von ihnen trennte. Alle? Nein, da lag einer vor der Hundehütte, den kümmerte nichts und niemand. Der hatte anscheinend die Ruhe weg. Ich versuchte ihn zu locken.

Nun war ich es, der seine Aufmerksamkeit auf sich ziehen wollte. Manchmal schien er meine Rufe zu hören und öffnete gelassen ein Auge, mit dem er mich zu mustern schien, um es gleich darauf wieder zu schließen. Bei einem Besuch schaffte ich es, dass er zwei Schritte auf mich zu machte. Danach übermannte ihn scheinbar die Müdigkeit.

Er schlief wieder ein.

Insgesamt war ich dreimal in dem Tierheim und fragte mich zwischenzeitlich, ob ich nicht ganz richtig im Kopf war, mir einen Hund zulegen zu wollen. Andererseits hatte ich bereits größte Bedenken, ob womöglich in der Zwischenzeit nicht ein anderer den kleinen Hund mitgenommen hatte. Die Sache war klar. Kein anderer bekäme dieses Tier außer mir.

Eine kleine Spende, und ich führte einen kleinen Hund an der Leine, der alle zehn Meter einschlief und von der Welt nicht wirklich etwas mitbekommen wollte.

Ein Spaziergang durch die Stadt sorgte bei etlichen Passanten für Erheiterung. Sobald ich mir leistete, an einem Schaufenster stehen zu bleiben, schlief der Hund neben mir ein. Ihn dann zu überreden mit mir weiterzulaufen, indem ich an der kleinen Leine zog, sorgte mehr als einmal für Spaß bei anderen. Ich fand das eher peinlich, aber dem Hund war es egal. Er war halt noch ein Baby. Da musste ich natürlich Rücksicht nehmen.

Das erste Jahr mit diesem Hund – ich nannte ihn Boris – fragte ich mich jeden Tag, was ich da eigentlich getan hatte. Immer wieder mal ging mir durch den Kopf, ihn wieder abzugeben. Da griff aber ein Naturgesetz.

Sich mit etwas zu beschäftigen heißt, sich unweigerlich damit zu identifizieren. Jede Nacht zweimal raus, nächtliche Spaziergänge, immer gutes Futter besorgen und das Hundchen immer schön bürsten. Nach etwa einem Jahr fiel mir auf, dass ich über das Weggeben lange nicht mehr nachgedacht hatte. Nun war es sicher. Boris war mein Hund und er würde es auch bleiben. Was ich wohl auch verwechselt hatte war: Klein und jung. Ich wollte ja eigentlich einen kleinen Hund. Weil er jung war, erfüllte er auch zunächst die Eigenschaft, klein zu sein.

Boris wurde ein Riese. Etwas größer als ein Dobermann. Er war eine Mischung zwischen Dogge und Boxer. Ein sehr elegantes Tier, das mit großem Anstand und Würde an meiner Seite durchs Leben schritt. Er war wirklich ein feiner Kerl und ich konnte ihn überall mit hinnehmen. Wer mich mit Boris nicht wollte, sollte mich fortan ohne ihn auch nicht haben. Wehe, ich war mal ohne Hund zu sehen. Da kam unweigerlich die Frage: „Wo ist der Boris?“

Das sollte dreizehn Jahre lang so gehen.

So geht's auch …

Nun wollte ich auch den Führerschein machen. Ich suchte mir eine Fahrschule in der Nähe. Der Fahrlehrer hieß Manfred. Er war Anfang dreißig, wirkte vom ganzen Habitus her aber etwas älter. Ein ruhiger, verständnisvoller Mensch mit einem ausgeglichenen Wesen. Wir freundeten uns an und das hatte einen guten Grund. Nach etlichen Fahrstunden, die aus meiner Sicht eine Unmenge an Geld verschlangen, das ich wegen meiner ständigen Fortbildungskurse nicht wirklich übrig hatte, machte er mir einen Vorschlag.

„Du siehst doch gut aus. Ich habe etwas Schwierigkeiten, Mädels anzusprechen. Wenn du in eine Disco mitgehen würdest, könntest du das übernehmen. Wenn ein Mädel mit zu uns an den Tisch kommt, kannst du wieder gehen."

„Ich haue also Mädels an, bringe sie am Tisch mit dir ins Gespräch und dann ist mein Part erledigt?"

„Ja, genau. Pro Mädchen, das bei mir am Tisch sitzt, bekommst du eine Doppelstunde Fahrunterricht."

So machten wir das. Ich war ein ungeduldiger Schüler. Oft kam ich ins Schimpfen, wenn bei der Fahrerei etwas nicht klappte. Einmal stieg ich sogar aus und ließ den Manfred im Auto sitzen.

„Fahr doch allein, ich krieg die Scheiße nicht hin!"

„James, überleg mal. Ich hab den Führerschein schon. Komm, steige wieder ein."

Natürlich stieg ich wieder ein. Wo ich schon mal dran war und meine Fahrstunden nicht zu bezahlen brauchte, machte ich auch gleich den Motorradführerschein mit. Auf einer Honda 250 CB schossen wir mal einen Berg hinauf. Manfred hinten auf dem Sozius.

Der hatte sich fast die Lunge aus dem Hals geschrien, bis ich endlich langsamer fuhr. Später gab es dann Helme mit integriertem Funk. Da brauchte er nicht mehr so zu schreien.

Arrangements ...

Ich begann mein Anerkennungsjahr in dem Kinderheim, unweit des Säuglingsheimes, in dem mich meine Mutter damals abgegeben hatte. Das erfuhr ich aber erst später, als ich durch meinen Hund eine bessere Orientierung über die ganze Stadt gewann. Das Heim, in dem ich arbeitete, bestand aus einer Turnhalle und mehreren kleinen Bungalows, in denen jeweils eine Gruppe mit zehn Kindern untergebracht war. Der erste Tag war ein Schock.

Das Haus, in dem ich arbeiten sollte, war offen und ich ging hinein. Seitlich des Eingangs befanden sich erst das Büro und dann der Gruppenraum, in dem zwei Erzieher saßen und Kaffee tranken. Ein junger Mann und eine junge Frau.

Auf den Raum steuerte ich zu und war schon fast drinnen, als ich links aus dem Augenwinkel in einem der Kinderzimmer Rauch sah.

„Brennt es da?"

„Nicht wirklich", sagte der Mann am Tisch.

„Die zündeln gerade wieder."

„Wieder?"

„Die spinnen öfter mal."

Das klang so, als wollte er sagen, dass es ab und zu regnet. Auf jeden Fall hätte die Stimmung der beiden zu so einem Wetter gepasst.

„Eine Sekunde, das schaue ich mir an." Ich ging in das Zimmer, in dem drei Jungs im Alter von etwa dreizehn am Kokeln waren und ein kleines Feuerchen in einer Metallschale entzündet hatten. Mit ihren Spielzeugpistolen schoben sie die brennenden Holzstücke in der Schale an. Nun sahen sie mich auch.

„He, wer bist denn du?"

„Das werde ich dir schon noch sagen. Ich bin gleich wieder da."

Mir kam spontan eine Idee. Ich ging wieder in den Gruppenraum.

„Habt ihr Bonbons im Haus?"

„Ja, warum?", fragte nun die Frau.

„Das kann ich gleich erklären, ich brauche erst einmal die Bonbons."

Wir gingen in ein kleines Büro und sie reichte mir die Bonbons. Sie fragte nicht einmal, wer ich war.

„Danke."

Nun ging ich mit Bonbons bewaffnet in das Kinderzimmer. Die schauten mich ungläubig an.

„Du wolltest wissen, wer ich bin?", sprach ich den an, der mich gefragt hatte, wer ich sei. „Duzt ihr eure Erzieher?"

„Ja, selbst den Heimleiter duzen wir. Warum?"

„Okay. Ich arbeite ab heute hier. Ich heiße James. Ich möchte, dass ihr das Feuer ausmacht und mir eure Pistolen gebt."

„Warum sollen wir das machen?"

„Ich gebe euch etwas anderes dafür."

„Und was willst du uns geben?"

„Das erfährst du, wenn das Feuer aus ist und ich die Pistolen habe."

Jetzt trat eine Denkpause ein. Was hatte der fremde Kerl zu bieten? Ich rechnete fest mit ihrer Neugier. Und so war es. Sie gaben mir, was ich wollte und machten das Feuer aus. Ich holte die Bonbontüte aus der Tasche und gab jedem zwei Stück. Mir war schon klar, dass das keinen wirklichen Gegenwert darstellte, aber ich wollte denen noch etwas mitteilen, was nicht so leicht zu schlucken war, wie die Bonbons. Ich musste den Jungs meine Stellung ihnen gegenüber erklären.

„Wieso nur zwei Bonbons?"

„Eins für die Pistole und eins für das ausgemachte Feuer."

Ich setzte mich auf einen Stuhl und wohlweislich nicht auf eines ihrer Betten. Ich wusste selbst, was ein Bett bedeuten konnte.

„Ihr seid dreizehn Jahre alt. In dem Alter solltet ihr Bonbons lutschen und nicht mit Pistolen herumfuchteln und euren Erziehern Angst machen oder das Haus anzünden."

„Hast du Angst?"

„Nein, das habe ich nicht. Wenn ich Angst hätte, wäre ich nicht hier. Wie steht es mit euch? Muss man vor euch Angst haben?"

„Nein, eigentlich nicht."

„Hab ich mir auch so gedacht. Ihr seid doch ganz nett."

Ich stand auf.

„Bleibt das Feuer aus?"

„Ja, das bleibt aus."

„Ich komme morgen wieder. Macht's gut."

„Ja, mach's gut James", riefen mir die Jungs hinterher.

Ich ging noch einmal in den Gruppenraum. Dort stellte ich mich vor.

„Ich soll morgen hier anfangen."

Die beiden Erzieher erklärten mir lang und breit, wie es bei den frechen Rotzlöffeln kein Durchkommen gab. Die machen, was sie wollen, so hieß es. Das langweilte mich. Ich stellte mich bei dem Heimleiter und der psychologischen Leiterin des Heims vor.

„Also dann, bis morgen", verabschiedeten mich Jürgen und Yvonne.

Ich erhielt von beiden die Erlaubnis, meinen Hund mitbringen zu dürfen, wenn ich garantieren könne, dass er nicht beißen würde. Das konnte ich. Boris war froh, wenn er selbst nicht gebissen wurde.

Der nächste Tag kam. Das war morgens um zehn, wie abgemacht. Die Kinder sollten in der Schule sein. Stattdessen standen da fünf oder sechs Kinder mit Steinen in der Hand vor der Turnhalle und schienen auf etwas zu warten. Ich band den Hund am ersten Haus an und ging Richtung der Turnhalle. Dort standen die beiden Erzieher von gestern aus dem Gruppenraum und fürchteten wohl, mit den Steinen beworfen zu werden. Tatsächlich lagen auch schon einige vor der Tür.

Ich fragte erst gar nicht, was los sei, sondern ging auf die Kinder zu.

„Einige kennen mich schon."

Für die anderen erklärte ich: „Ich war gestern schon mal da. Bevor wir uns vorstellen, möchte ich die Steine haben."

„Willst du uns wieder Bonbons geben?"

„Willst du eins haben?"

„Nein."

„Du kannst ruhig zugeben, wenn du eins haben willst. Ich werde schauen, dass ich ab sofort immer welche dabei habe."

„Warum?"

„Ganz einfach. Ich kaufe damit Feuer, Spielzeugpistolen und ab sofort auch Steine. Ich kaufe euch damit alles ab, was ihr nicht haben dürft. Jetzt hätte ich gerne die Steine gekauft."

Ich streckte einem die flache Hand hin, der völlig irritiert schien. Er legte mir seine Steine in die Hand.

„Das Bonbon kommt. Versprochen."

Ich lief die ganze Reihe ab, und nacheinander gaben mir alle ihre Steine. Es ging mir darum, ihnen klar zu machen, mit wem sie es zu tun hatten. Wie es schien, war das eine richtige Räuberbande.

„Wollt ihr mir sagen, wie ihr heißt und wir geben uns die Hand?"

„Ja, ist okay", sagte einer und wollte mir die Hand geben.

„Die musst du erst waschen. Schmutzige Hände sind mir ein Greul. Geht schon mal rein und wascht euch die Hände, dann begrüßen wir uns."

Die Kinder verschwanden im Haus und mir kamen die zwei Erzieher von der Turnhalle aus entgegen.

„Guten Morgen, ich habe keine Bonbons dabei. Habt ihr noch eine Tüte?"

„Klar", sagte der Mann und ging ins Büro. Die Frau hieß Marion.

„Danke, dass du uns geholfen hast."

Der Mann – Kurt – kam mit den Kindern und den Bonbons aus dem Haus. Ich gab allen die Hand, reichte jedem ein Bonbon, und erfuhr ihre Namen. Rudi, Mike, Rolf, Mario, Julius und so weiter.

„Wo müsstet ihr jetzt normalerweise sein?"

„In der Schule", sagte Mike.

„Warum seid ihr nicht dort?"

„Wir haben frei genommen."

Ich musste herzhaft lachen.

„Ihr habt noch ein paar Stunden. Es lohnt sich immer, in die Schule zu gehen. Auch morgens um zehn, wenn man sich bis dahin freigenommen hat."

Ich fragte Kurt, ob er und Karin ein Auto hatten. Beide hatten eins. Meinem Wunsch, die Kinder in die Schule zu fahren, wurde entsprochen. Die Kinder, die noch vor einiger Zeit mit Steinen nach denen geworfen hatten, fuhren nun mit ihnen in die Schule. Welch eine wundersame Wandlung. Ich wartete, bis die beiden mit ihren Autos wieder da waren.

„Das haben wir ja sauber hingekriegt", sagte Kurt.

Wir tranken Kaffee und unterhielten uns. Ich machte den Vorschlag, dass wir uns überlegen sollten, wer in der Gruppe arbeiten wollte und mit welchen Kindern sie besetzt sein sollte. Jürgen und Yvonne stießen zu uns. Karin und Kurt erklärten, was wir uns so gedacht hatten. Jürgen sagte, es wäre nicht schlecht, wenn ich eine Gruppe übernehmen könne und, dass ich mir mit den anderen Erziehern überlegen solle, wer mit mir zusammen arbeiten wolle.

Jede Gruppe hatte zwei Erzieher und einen sogenannten Springer, der dann einsprang, wenn mal jemand nicht konnte.

Jürgen dachte daran, die schwierigeren Fälle in eine Gruppe zu geben. Ich ahnte da schon, welche meine sein würde. Aus fünf Gruppen trafen sich die Erzieher und beratschlagten über eine neue Zusammensetzung.

Dies sei schon wegen der verschiedenen Altersgruppen, die in der letzten Zeit entstanden seien, nötig. Da gab es eine nette Erzieherin von den Philippinen, Kurt, Karin, einen Gerd, Erika, die aus der Tschechei war, und andere.

Es kristallisierte sich heraus, dass mit Erika niemand so richtig arbeiten mochte. Das verstand ich nun überhaupt nicht. Erika war fast so groß wie ich, Mitte vierzig und sehr kräftig. Aus meiner Sicht eine richtige Mutterfigur. Wenn da die Kleinen an ihren dicken Busen anrannten, würde Erika sie an sich drücken und es gäbe kein Entkommen.

Das Erstaunen war groß, als ich Erika fragte, ob sie mit mir arbeiten wolle. Sie sagte spontan zu. Ich war begeistert. So weit war das schon mal klar. Die Kinder, die wir zu hüten hatten, waren zwischen elf und dreizehn Jahren. Einige kamen aus Zigeunerfamilien – was das auch immer heißen sollte – und einige waren aus einer Hochhaussiedlung irgendeiner anderen Stadt. Also eine bunte Mischung.

Wir bezogen mit den Kindern – soweit sie nicht schon dort wohnten – unser Haus.

An einem Wochenende kam Rudi heim und war ziemlich gereizt.

„Was ist passiert?", fragte ich. „Warum bist du so aggressiv?"

„Ach, leck mich doch am Arsch!"

„Setz dich mal zu mir, ich möchte dir etwas erklären."

Rudi setzte sich brav zu mir.

„Hab ich dich so zornig gemacht?"

„Nein."

„Du sagst aber zu mir Arschlecken und nicht zu dem, der dich geärgert hat."

„Entschuldige."

„Weißt du was? Du sagst mir, auf wen du zornig bist, und dann überlegen wir weiter. Wenn du möchtest. Und wenn du das nicht willst, lassen wir es. Okay?"

„Ich bin auf meinen Bruder sauer. Der hat mich mit den Nutten allein gelassen."

„Mit den was?"

„Ei, mit den Nutten. Der arbeitet doch da."

Ich kapierte nur Bahnhof. „Wo arbeitet denn dein Bruder?"

„Na, im Puff!"

„Im Puff?"

„Du weißt doch, wo die Frauen den Männern die Schwänze lutschen."

„Die was? Sag mal Junge, wo bist du denn zu Hause?"

„Am Wochenende bin ich halt dort."

Wenn er das so beschrieb, musste er mehr wissen, als sich normalerweise für einen Dreizehnjährigen gehörte.

„So, du bist halt dort. Dein Bruder nimmt dich dorthin mit und du musst dann dort auf ihn warten. Woher weißt du überhaupt, was die Frauen mit den Männern machen? Warst du da auch dabei?"

„Nein, da laufen doch den ganzen Tag die Filme."

Das wurde ja immer schöner.

„Pornos?"

„Ja, genau. Pornos."

Das war ja schon fast kein Gespräch mehr, sondern ein Fortbildungskurs in Sachen Puff für zurückgebliebene Erzieher. Und das von einem Dreizehnjährigen. Ich war platt.

„Rudi, weißt du was?"

„Nein."

„An deiner Stelle wäre ich auch stinksauer."

„Ich rege mich ja gar nicht mehr auf."

„Tust du mir einen Gefallen?"

„Gerne."

„Wenn du mal wieder sauer bist, redest du bitte nicht mehr so mit mir wie vorhin. Es könnte sonst sein, dass ich dann meinerseits sauer werde. Das möchte ich nicht. Kannst du dir das merken?"

„Ja, das merke ich mir. Entschuldigung nochmals."

„Ist okay, schon vergessen."

„Magst du mit mir und dem Boris noch ein bisschen raus?"

„Oh, ja."

Da war endlich wieder das Kind.

Mein Führerschein rückte in erreichbare Nähe. Nun hatte ich schon an die dreißig oder vierzig Mädels in der Disco an Manfreds Tisch gebracht und stand vor der Prüfung. Die Theorie für Motorrad und Auto hatte hervorragend geklappt und es ging an die praktische Prüfung. Das war zunächst die bestandene Prüfung fürs Auto.

Manfred sprach mich an.

„Bist du sicher, dass du den Motorradführerschein brauchst?"

„Wieso?"

„Ich bin sicher, dass du dir irgendwann den Hals dabei brichst. Ich würde es lieber sehen, wenn du darauf verzichten könntest. Das ist sicher zu deinem Besten."

Mir kam das Bild, wie er jedes Mal hinter mir auf dem Sozius vor Angst herumgeschrien hatte. Ich dachte eine Zeitlang über Manfreds Worte nach. Er hatte ja recht. Für das Motorrad war ich wohl etwas zu übermütig und beim kleinsten Fehler wäre ich hin.

„Okay. Manfred, du darfst dich ab sofort meinen Lebensretter nennen. Ich verzichte."

„Echt?"

„Echt. Für den Tipp gehe ich sogar noch einmal gratis mit dir in die Disco."

Ich ließ mir den Autoführerschein aushändigen und war mit der Welt zufrieden. Der Verzicht auf den Motorradführerschein versprach mir ein längeres Leben.

Einmal noch ging ich mit Manfred in die Disco und sprach erfolgreich ein Mädchen für ihn an.

Unabhängigkeit …

An einer Ausfallstraße der Stadt, an einem Waldrand, hatte ich ein Auge auf einen weißen VW Käfer geworfen. Ich machte den Besitzer ausfindig. Viel Geld hatte ich nicht.

„Okay, wie viel kannst du mir geben?"

„Ich gebe Ihnen achtzig Mark, wenn das so recht ist."

„Das soll mir recht sein."

Ich hatte ein Auto!

Das Taxi fuhr weg und ich war mit meinem gesamten technischen Unvermögen allein mit einer alten Kiste. Benzin auffüllen, dank eines Schraubenschlüssels im Kofferraum die Batterie wechseln und einsteigen. Erst einmal schaute ich durch die schmutzige Windschutzscheibe in den Wald. Der Sitz unter mir und alles drum herum gehörte nun wirklich mir. Die Welt würde sich ab sofort völlig für mich verändern, sofern die Karre anspringen würde.

Luft holen, ruhig atmen und den Schlüssel drehen. Klack.

Scheiße, das konnte doch nicht alles gewesen sein! Noch einmal. Klack, klack. Der Motor machte ein paar Umdrehungen mehr. War das ein gutes Zeichen? Noch einmal. Ich erschrak regelrecht. Mit einem tierischen Knall lief der Motor an. Ich fürchtete einen Moment lang, das Gerät würde mir um die Ohren fliegen. Aus dem Auspuff kam eine mächtige Wolke, die aber nach kurzer Zeit verschwand. Das Ding lief rund und ich hätte vor Freude fast geweint.

Ich war mein eigener Herr. In einem eigenen Auto!

Nun konnte ich überall hin, soweit mich die Räder trugen. Stolz wie Oskar fuhr ich in die Stadt. Ich holte Boris und öffnete ihm – wie ein Butler das so tat – den Wagenschlag. Wie es sich für einen vornehmen Hund gehörte, ließ ich ihn im Fond des Wagens Platz nehmen. So fuhr ich erst einmal rund ums Städtchen, in dem

Glauben, dass jeder mich sehen würde und mir neugierige Blicke schenkte. Schaut! Da fährt der James mit seinem Hund in einem Auto!

Ich fuhr zur therapeutischen Wohngemeinschaft und stellte Boris vor. Holger war ganz aus dem Häuschen und Fred verliebte sich sofort in ihn. Danach war die Gräfin an der Reihe. Auch da war die Freude über das Auto und den Hund sehr groß. Meine Besuche bei ihr hatten schon Tradition. Wenn ich klingelte, warf mir ihre Freundin Mausi - so wurde sie von der Gräfin genannt - den Schlüssel aus dem Fenster zu.

Bei der Gräfin gab es immer Espresso und einen trockenen Sherry. Die Gespräche mit ihr und Mausi konnten nicht erholsamer und unterhaltsamer sein. Ich genoss das.

Ich sprach eines Tages den großen Bruder an und bat ihn, den Rudi möglichst nicht wieder bei den Nutten zu vergessen.

Meine Bitte wurde erhört. Wir beschlossen, dass ich ihn Sonntagsabend vor deren Lokalität abholen würde. Das Abholen gestaltete sich beim ersten Mal so, dass ich mich abends vor der Kneipe einfand, in der wohl auch Rudi saß. Rudis Bruder war ein Ochse von einem Kerl.

Bevor ich die Kneipe betreten konnte, kam er heraus. Er hatte ein weißes T-Shirt an. Seine Statur war beeindruckend. Ihm folgte ein Mann, der eine ähnliche Statur aufwies. Auch in einem weißen T-Shirt. Die beachteten mich kaum und stellten sich - einander zugewandt - auf die Straße.

Nun folgte die seltsamste Schlägerei, die ich je verfolgt hatte.

Der Eine schlug dem Anderen mit der flachen Hand ins Gesicht. Dabei legten sie ihr ganzes Gewicht in den Schlag. Der andere wackelte, aber fiel nicht. Nun durfte der Gegner zuschlagen. Das war so surreal, so grotesk, dass ich nicht einordnen konnte, in welche Rubrik diese Übung gehörte. Es gab schlicht keine.

Klatsch, der nächste Schlag, peng, wieder einer. Der Gegner von Rudis Bruder wackelte sichtlich, wollte aber ums Verrecken nicht fallen. Den nächsten Schlag bekam Rudis Bruder. Beide hatten feuerrote Gesichter und wiesen Blutschrammen von den Ringen auf, die beide trugen. Dann war es endlich so weit. Rudis Bruder machte einen angedeuteten Schritt nach vorne und gab mit aller Kraft und sehr entschieden einen Schlag ab, der den anderen regelrecht abheben ließ.

Da flogen mindestens hundert Kilo Mensch zur Seite. Ich glaube, der war schon bewusstlos, bevor er auf dem Boden aufschlug.

„Komm, wir holen den Rudi."

Mehr bekam ich nicht zu hören. Den anderen ließen wir draußen liegen. Gott, was für eine Welt! Da machte es fast nichts, wenn Rudi mal einen Mittag bei den Nutten saß.

Leider musste ich dank dieses Erlebnisses einiges an meinem Tun relativieren. Ich hatte doch schon so manches an destruktiven Verhaltensweisen erlebt, aber das schlug wortwörtlich alles bisher da gewesene.

Zu dieser Story kamen Geschichten, die jeder Beschreibung spotteten, weswegen ich erst gar nicht versuche, sie zu beschreiben.

Ich kam mir mindestens so bescheuert und überflüssig vor wie der Sozialarbeiter der Familie Flodders aus der bekannten Fernsehserie. Der hieß meines Wissens Bernhard. Ich bekam erhebliche Zweifel an der Wirksamkeit meines Handelns.

Nichtsdestotrotz, die Arbeit ging weiter.

Im Zweifelsfall schnappte ich meinen Hund und so machte ich mit allen möglichen Wohnvierteln, Parks und den umliegenden Wäldern Bekanntschaft. Ab und zu lernte ich auch mal ein Mädchen kennen und genehmigte mir kleinere Auszeiten von der Arbeit. Ausgehen, Kino, spazieren gehen und was noch so dazu gehörte.

Eine dauerhafte Beziehung suchte ich nicht, obgleich es manch eine gegeben hätte, mit der ich es – so dachte ich – sicherlich länger hätte aushalten können.

Eine Nacht erlaubte ich mir, Uschi mitzubringen. Das hätte ich besser gelassen. Ich musste lernen, dass die Kinder eifersüchtig waren. Zum Schlafen kamen wir nicht. Die ganze Nacht hielten sie uns auf Trab. Die Letzten schliefen am frühen Morgen ein. In die Schule mussten sie trotzdem. Wir hatten einen Vertrag!

An einem schönen Tag fuhr ich mit Fred und einem anderen Bewohner der therapeutischen Einrichtung durch die Stadt. Es war Sperrmülltermin und die komischsten Dinge standen da zur Beseitigung herum. Unter anderem zwei große Steinschalen, in die man Blumen einpflanzen konnte. Die luden wir ein und ich fuhr sie zu der Einrichtung.

Zwei Tage später meldete sich ein Kriminalbeamter, weil jemand Anzeige wegen Diebstahls der zwei Schalen erstattet hatte. Zu dem Zweck hatte er mein Nummernschild notiert und an die Polizei weitergegeben.

„Sind Sie Herr James Henry?"

Mir gegenüber stand exakt der Kripobeamte, der seinerzeit den Fred und seine Kollegen nackten Arsches auf dem öffentlichen Platz so vorgeführt hatte.

Ich ahnte nichts Gutes.

„Ja, der bin ich. Worum geht es?"

„Die Fragen stelle ich, dass das schon mal klar ist. Verstanden?"

„Verstanden."

„Setz dich ins Auto, du kommst mit ins Kommissariat."

Es gelang mir, mich zusammenzunehmen, obwohl mir schon bei der Ansprache fast die Hutschnur riss.

„Ich glaube nicht, dass wir uns duzen."

„Das musst du schon mir überlassen."

In dem Moment kam Fred aus der Türe. Ihm ansichtig geworden, baute sich der Bulle dann so richtig auf.

„Laut Anzeige ward ihr zu dritt. Warst du auch dabei?"

Fred gab das zu.

„Wer ist der Dritte?"

Der andere wurde auch noch geholt.

„Na, dann haben wir ja alle beisammen. Welche Rolle spielst du hier?"

Damit meinte er mich.

„Ich spiele keine Rolle, ich war hier Betreuer und bin zu Besuch. Ich möchte von Ihnen auch nicht weiter geduzt werden."

„Du hast hier gar nichts zu wünschen. Ab ins Auto. Um die anderen kümmere ich mich später."

Im Auto ging es dann weiter.

„Du bist Betreuer und gehst mit den Jugendlichen auf Diebestour?"

„Wenn ich hätte stehlen wollen, wäre ich sicher nicht tagsüber mit dem Auto vorgefahren und hätte die zwei Schalen eingeladen. Die standen beim Sperrmüll."

„Ich kann auch anders. Erzähl mir keinen Scheißdreck, Bursche!"

„Das habe ich damals schon gesehen. Ich überlege mir gerade, eine Dienstaufsichtsbeschwerde gegen Sie einzuleiten."

Damit hatte ich ihn zum Feind, das war klar.

Wenn ein Choleriker auf Jähzorn trifft, dann knallt es. Das war auch klar. Er zog die Faust auf und schlug sie mir ins Gesicht.

„So, jetzt hast du einen Grund dich zu beschweren. Warum widersetzt du dich auch der Festnahme?"

Mein Bruder Zorn meldete sich zu Wort.

„Das kriegst du wieder."

Der nächste Schlag kam mit der flachen Hand. Ich bin schon oft geschlagen worden. Es sind nicht die Schmerzen, die wehtun. Es ist die Demütigung. Ich schwor auf Rache.

Nun hatten wir den Krieg und so konnte ich ihn auch ungeniert duzen.

„Du erreichst mit Schlägen nichts bei mir. Du musst mich erschlagen. Mundtot machen. Das ist deine Sprache, die verstehst du doch, oder?"

„Das kann noch kommen."

Auf der Polizeistation wurde ich fotografiert, dann nahm man meine Fingerabdrücke ab. Aus meiner Sicht machte der Idiot auch noch Beweisfotos, die jederzeit gegen ihn sprechen würden. Mein Gesicht sah übel aus und fühlte sich ebenso an. Nach der Prozedur wurde ich auf die Straße gesetzt und durfte schauen, wie ich wieder nach Hause kam. Die Anzeige gegen ihn konnte ich mir schenken. Die Anzeige gegen mich wurde eingestellt.

Nun wusste ich allerdings, wie der Mann hieß und bekam heraus, wo er wohnte. Seine Wohnung verließ er jeden Morgen zur gleichen Zeit.

Etliche Wochen später las man in der Zeitung, dass ihm vermutlich Drogenhändler übel mitgespielt hätten. Beim Verlassen des Hauses hatte ihn ein zehn mal zehn Zentimeter starkes Kantholz am Schädel getroffen, worauf er ins Haus zurückfiel. Das Kantholz ließen die Verbrecher am Ort des Geschehens zurück. Von einem Schädelbruch war da zu lesen. Sein Zustand sei stabil. Seine Leistungen wurden gewürdigt. Ja, er war einer der Erfolgreichsten. Das waren andere allerdings auch.

Danach ging es mir wieder besser. Bei solcherart Polizist steckte doch mehr Räuber drin als gedacht. Etwa so, wie auch Pfarrer naturgemäß mehr mit dem Teufel zu tun hatten als jeder andere Unbeteiligte. Keine Ahnung, wie nahe die sich standen, und was sie miteinander verband.

Fast war das Anerkennungsjahr vorbei. Ich war neunzehn Jahre alt und hatte bald meinen Abschluss.

So lustig sind sie gar nicht ...

Ich wurde von Rudis Familie zu einem Zigeunertreffen eingeladen. Es gab verschiedene Sippen, die jeweils mehrere hundert Personen umfassten. Da gab es Barone, Grafen und andere, die entsprechend ihrer Stellung unterschiedliche Ränge innehatten und auch so benannt wurden. Ich wurde als Freund der Familie vorgestellt. Auf dem Treffen erfuhr ich manches über die Familie vom Rudi. Die Sippe, der Julius angehörte, war nicht weniger klein, unterschied sich aber im Namen und in den Ritualen.

Moka hätte aus einer dieser Sippen stammen können. Ich hörte viele Dinge, die ich lieber nicht gehört hätte. Die Art, wie man untereinander mit den Mitgliedern umging und wie negativ die Einstellung Fremden gegenüber war, gefiel mir ganz und gar nicht. Sozialisation ging hier anders.

Willst du nicht mein Bruder sein, schlag ich dir den Schädel ein. Etwa so.

Viele Jahre später war Rudi erwachsen und stand mit Freunden - in Jogginghosen - auf der Straße in der Stadt. Wir hatten uns in der Zwischenzeit nicht gesehen. Ich musste aufpassen, dass sein Pitbull nicht mit Boris ins Gehege kam. Noch im Vorbeilaufen - ich hatte ihn nicht erkannt - machte er auf sich aufmerksam.

„Ah, mein alter Erzieher! Hallo, James, was machst denn du hier?"

„Hallo Rudi. Halt bitte deinen Hund fest. Wie geht es dir?"

„Mir geht es gut. Willst du einen Fernseher kaufen? Dir gebe ich ihn mit Video für fünfhundert Mark, aber nur, weil du mein Lieblingserzieher bist."

Ich glaubte, nicht richtig zu hören.

„Sag mal, hast du noch alle Tassen im Schrank? Hat das

überhaupt nicht gefruchtet, was ich dir beibringen wollte? Todsicher kaufe ich dir keine geklauten Sachen ab. Du beleidigst mich."

„Willst du eine aufs Maul?", fragte einer.

Mir schwoll der Kamm. „Was hast du Wurst denn zum Thema beizutragen? Schieb ab Junge!"

„Wenn einer den James anfasst, kriegt er es mit mir zu tun!", rief Rudi.

Das war der Hammer. Erst verwickelte er mich in die Schwierigkeiten und dann wollte er sich auch noch als mein Retter aufspielen.

„Rudi, tu mir den Gefallen und nimm deine Kameraden hier mit. Es ist heller Tag und ihr lauft in Schlafanzügen rum. Ich fasse es nicht."

„Das ist kein Schlafanzug, der sieht nur so aus."

„Eben."

Ich lief einfach weiter.

„Mach's gut, mein alter Erzieher."

Das war das Letzte, was ich von Rudi hörte.

Julius und Rolf hatten sich fast zu der gleichen Zeit vor Gericht zu verantworten. Versuchter Totschlag. Derjenige, den sie in der Mangel hatten, hatte sich vor Todesangst in die Hosen gepinkelt und eingekotet. Man kann sich vielleicht vorstellen, wie viel Angst jemand haben muss, bis er sich derart in die Hose macht. Dieser Mensch musste dem Tod ins Auge geschaut haben.

Der Pflichtverteidiger, den ich gut kannte, sagte, dass er lieber an Stelle der Staatsanwaltschaft stehen würde.

Das sah ich genauso. Die beiden bekamen jeder knapp neun Jahre. Ihre Jugend war damit vorbei und ein guter Teil ihres erwachsenen Lebens. Das konnte ich aber damals noch nicht wissen. Noch heute höre ich Geschichten über die Sippen. Manch einer fand die Härte gut, die dort waltete. Furchtbar!

Fred machte seinen Realschulabschluss und wollte nun die Ausbildung zum Krankenpfleger machen. Er zog in eine kleine Wohnung in der Stadt und begann mit der Schule. Außerdem machte er den Führerschein bei meinem Fahrlehrer Manfred, den ich ihm wärmstens empfohlen hatte. Kein Wort darüber, wie ich selbst meinen Führerschein verdient hatte.

Das war Ehrensache.

Das Ziel war klar ...

Ich bekam, wofür ich so lange gekämpft hatte.

Ich war zwanzig, hatte einen Hund, eine Wohnung, eine Arbeit, ein Auto, die Fachhochschulreife, eine Freundin, meine kleine Armee und war das, was ich mir entgegen aller Widerstände vorgenommen hatte. Ich war Erzieher.

Das feierte ich mit meiner neuen Freundin Bettina.

Mit Uschi hatte es so seine eigene Bewandtnis. Leider hatte ich sie bei irgendeinem Treffen Fred vorgestellt. Als ich sie mal unvorbereitet besuchte, stand Fred im Wohnzimmer und beide richteten sich gerade ihre Kleider. Ich staunte nicht schlecht.

Ich tat mehr oder weniger unbeteiligt.

„Bekomme ich noch einen Kaffee?"

„Aber klar. Du, der Fred kam gerade spontan vorbei."

Wenn dieses „Du" einem Satz vorangestellt wurde oder mit Betonung am Ende des Satzes folgte, bekam ich regelmäßig einen Ausschlag. Das kannte ich zur Genüge von den intellektuellen Schwätzern.

Fred war dabei im Erdboden zu versinken, aber es wollte ihm nicht ganz gelingen.

„Tja, Fred. Wir haben viel zusammen gelernt. Hier hättest du zu allem noch die Chance gehabt, Charakter zu beweisen. Na ja, vielleicht entwickelst du den ja auch noch."

Immerhin, trotz seiner dunkleren Hautfarbe lief er rot an.

Uschi hätte die Peinlichkeit gerne überspielt.

„Das war so nicht geplant, James."

Schade, dass sie mich auf dem Wege auch noch wissen ließ, für wie blöde sie mich hielt.

„Mach doch einfach, was dir Spaß macht. Ich hatte nie vor, dich zu heiraten, Uschi."

Ich trank meinen Kaffee und ging. Hörner aufgesetzt zu bekommen, fühlte sich so richtig scheiße an. Tja, dann war Uschi halt nur ein Matratzenverhältnis gewesen. Auch gut. Das hing immer mal ein bisschen zwischen mir und Fred, aber es erschütterte mich auch nicht tiefgreifend.

Noch eine Freundin würde ich ihm allerdings nicht vorstellen.

Die Schule war vorbei, die Prüfungen soweit bestanden, und ich hätte allen Grund gehabt, mal ausgelassen zu sein. Für mich war es aber wie immer nach einer Prüfung. Ich war zu müde zum Feiern. Boris bekam einen besonders großen Knochen und meine neue Freundin Claudia lud ich zum Essen ein. Ich arbeitete noch einige Monate in dem Kinderheim und verdiente nun auch ein ordentliches Gehalt. Erzieher verdienten vergleichsweise wenig. Das Grundgehalt reichte aber für alles.

Das, was übrig blieb, wanderte nach wie vor in die Therapieseminare, die Sportschule und in meinen Hund.

Auf einer italienischen Insel hatten Jörg und Marie Fleischer einen Bungalow über dem Meer und in meinem Urlaub fuhr ich mit, zu zwei Therapiewochen in einer herrlichen Bucht. Da waren dann die Jugendlichen aus der Einrichtung und etliche Privatpatienten. Zu dem Zweck hatten die beiden einige kleine Bungalows gemietet, in denen die Teilnehmer untergebracht waren. Die Bungalows gehörten einem befreundeten deutschen Baulöwen, der auf der Insel ganze Siedlungen baute. Jörg und Marie mieteten die Bungalows, vermieteten sie teurer weiter und kassierten für die Jugendlichen die Therapie und Unterhaltskosten.

Für die fremden Teilnehmer kassierten sie über die Krankenkassen deren Kosten und privat von denen zusätzlich die Bungalowmiete mit Aufschlag. Das war das erste Mal, dass ich mitbekam, dass soziale Arbeit als Wirtschaftsfaktor genutzt wurde.

Das System war simpel und brachte eine Stange Geld.

Die Erkenntnis erschütterte meine Überzeugung – was die Sozialarbeit betraf – erheblich.

Da wurde ich – wie viele andere auch – auf ein soziales Engagement eingeschworen, dabei galt die Sache einfach nur dem schnöden Mammon.

Ausschreibungen für eine Stelle in der Sozialarbeit lasen sich anders. Sozial engagiert, teamfähig, psychisch belastbar und aufgeschlossen. Zusätzliche Arbeitszeiten wurden im Sinne des Engagements abgeleistet. Teilweise arbeitete ich Idiot mehr als zweihundertsiebzig Stunden im Monat und bekam durch die Steuerabzüge nicht wesentlich mehr als mein Grundgehalt, während sich andere – wie ich nun erfahren musste – durch meinen Einsatz die Taschen vollstopften.

Alles Lüge ...

Sozialarbeit als Gewinnmaximierung. Das war mir neu und brachte mich auf die Palme. Dieser Baulöwe ritt ständig mit seinem Pferd - einem Schimmel - über seinen Strand und schlug mit einer langen Bullpeitsche auf die Zelte der wilden Camper ein. Das waren zumeist junge Leute, die kein Geld für seine Bungalowmiete hatten.

„Macht euch hier weg, ihr Penner!" Dabei ließ er die Peitsche bedrohlich über den Köpfen der Camper knallen, bis diese die Flucht ergriffen. Das Bild hätte sich in jedem Zorro-Film gut gemacht.

Viva Zapata! Nun war der Typ aber nicht Zorro. Was er tat, war schlicht asozial.

Die Kombination, als Pädagoge ein Wirtschaftsfaktor zu sein, und die Tatsache, dass Jörg und Marie mit einem derart arroganten Arschloch befreundet waren, schmeckte mir überhaupt nicht und sorgte für reichlich Unmut meinerseits. Zudem kam mir das Erlebnis mit Jörgs Mutter bei ihm zu Hause in den Sinn.

Eines Tages waren wir bei diesem Baulöwen eingeladen. Mittags hörte ich noch, wie dieser sich gegenüber Jörg über die Therapiegruppe äußerte.

„Wie lange bleiben deine Therapieaffen noch in den Häusern?"

Der Jörg verteidigte uns nicht einmal und schien - aus meiner Sicht - einverstanden mit der Beschreibung.

„Noch anderthalb Wochen, dann haben wir es hinter uns!", sagte er.

Das schlug doch wohl dem Fass den Boden aus!

Ich ging mit zu der kleinen Feier, die der Baulöwe anlässlich eines neuen Tores zu seinem Haus veranstaltete. Fiesta Porta.

Ein etwa sechzig Quadratmeter großes Wohnzimmer, eine Küche, in die meine Wohnung gepasst hätte und andere Räume, die, offen gestaltet, eine riesige Wohnidylle darstellten. Das bewohnte er allein. Da plagte mich nicht der geringste Neid.

Mir gefielen auch Dinge, die anderen gehörten, wenn sie nur schön waren. Mich ärgerte es einfach maßlos, dass die, von denen das Arschloch lebte, als Affen bezeichnet wurden, und der Herr Psychologe, dem das Wort Sozialverhalten auf der Fahne hätte stehen müssen, ihm nicht einmal widersprach. Schließlich hatte ich Affe den beiden Schwachköpfen bis dahin unwissentlich in die Tasche gearbeitet, und die dumme Sau erlaubte sich auch noch, fremde Leute mit der Peitsche zu jagen. Da hörte sich doch alles auf!

So wurde also gelebt, finanziert durch die Therapieaffen. Obendrein war Jörg der dickste Kumpel vom Arschloch. Vor dem Haus schwappte im Wasser eine kleine Yacht. Jemand spielte auf einem Flügel, der irgendwo im Wohnzimmer stand.

„Na, wer bist du denn?", gab sich der Baulöwe mir gegenüber ungewohnt jovial.

„Ich bin einer der Therapieaffen, du Arschloch."

„He, wie redest du mit mir?"

Er drehte sich fragend zum Jörg um. Ich nahm ihm die Antwort ab.

„Ich bin hier in Therapie, wegen meiner unflätigen Ausdrucksweise, du dumme Sau."

Marie bog sich vor Lachen. Jörg wich die Farbe aus dem Gesicht und er schien mächtig konsterniert.

„Stimmt das?", fragte ihn sein Kumpel. Jörg guckte mich an.

„Sag's ihm ruhig, du Depp. Sag ihm, warum die Therapieaffen seine Bungalows gemietet haben."

Ich war zornig.

Es gab Situationen, da konnte ich mühelos zweitausend Jahre Zivilisation rückwärts überspringen. Das war so eine. Ich hätte nicht lange gezögert, ihm die Peitsche und alles, was daran hing, in den Hals zu stopfen.

„Ich glaube, das war's, James", ließ sich Jörg endlich vernehmen.

„Die Party ist für dich zu Ende, ich möchte, dass du jetzt gehst."

„Die Party war heute Mittag schon zu Ende. Ihr könnt mich am Arsch lecken! Du bist doch genauso bescheuert wie dein Kumpel mit der Peitsche. Deine Frau tut mir leid. Tschüss, Marie."

Danach sah ich die therapeutische Wohngemeinschaft und die beiden lange Zeit nicht mehr. Ich schnappte meinen Boris und fuhr heim.

Einige Jahre später wurde der Baulöwe entführt. Das wunderte mich nun überhaupt nicht. Trotz einer Zahlung von zwei Millionen Lösegeld brachten ihn seine Entführer um.

Die Arbeit im Kinderheim ging ihren Gang.

Ich hatte die Kinder auf ein System eingeschossen, das für unsere gegenseitigen Abmachungen Verträge zur Grundlage hatte. Das waren mündlich abgeschlossen Verträge über Versprechungen und Absichtserklärungen. Wenn ich also für ein erwünschtes Verhalten versprach, mit den Kindern und Boris am nächsten Tag einen Spaziergang um eine vereinbarte Uhrzeit zu machen, musste ich das auch einhalten. Den größten Spaß bereitete denen dann etwa ein Spaziergang, obwohl es heftig regnete.

„Lasst uns das verschieben, ihr seht ja, dass es regnet."

„Nein, du hast einen Vertrag mit uns."

Auf diese Weise handelte ich mir manchmal Verträge ein, die mich mehr als einmal in Verlegenheit brachten.

Aber immerhin konnte ich mich ab und zu revanchieren und

dann lachte ich. Auf diese Weise befand ich mich auf Augenhöhe mit den Kindern und wir konnten uns gut arrangieren.

Für ein Osterfest konnte ich mich nicht so richtig begeistern, aber Erika war Feuer und Flamme. Also bemalte ich Eier wie die anderen auch, und wir unterhielten uns über religiöse Feste. Ich gestand, dass ich da nicht wirklich zu Hause war, und ließ verlauten, dass ich an Ostern genauso gut Weihnachten feiern könne. Die Idee wurde sehr schnell aufgenommen. Aus der Situation heraus fragte einer, ob wir Weihnachten feiern wollten.

„Von mir aus", redete ich vor mich hin, „mir ist das egal."

„Wir haben einen Vertrag!", riefen die Kinder.

„Wieso haben wir einen Vertrag? Wir haben uns doch nur unterhalten."

„Nein, nein, du hast gesagt, dir ist es egal. Uns nicht. Wir feiern Weihnachten! Verträge muss man halten!"

„Das ist doch nicht dein Ernst?", fragte Erika.

„Wie es scheint, habe ich was versprochen. Da kommen wir jetzt nicht mehr drum herum."

Man muss wissen, dass es sich um eine Einrichtung der Kirche handelte und katholische Feiertage da nicht beliebig gefeiert wurden. Man konnte Weihnachten ja nicht einfach verschieben. Wir konnten!

Ein Tannenbaum wurde aufgestellt, der Baum geschmückt, und jeder musste dem anderen ein Geschenk unter den Baum legen. Wie die Kerzen brannten und wir unter den über uns baumelnden Ostereiern die Geschenke auspackten, entstand doch tatsächlich so etwas wie ein Weihnachtsgefühl.

Die Krippe bestand aus einem Esel, der genüsslich an einem Knochen kaute.

Jemand hatte Eselsohren gebastelt und sie mit einem Faden an Boris' Kopf befestigt. Den Hund schien das nicht zu stören.

So lag er mit Eselsohren neben einer Krippe, die als solche nicht wirklich erkennbar war. Im Hintergrund ertönte aus Rudis Plattenspieler *Ihr Kinderlein kommet*.

Ich ließ es mir nicht nehmen, die Weihnachtsgeschichte vorzulesen.

Erika war mit Schamesröte im Gesicht verschwunden. Klar, dass die Aktion ein Nachspiel hatte. Noch wochenlang wurde die Aktivität mit kritischen Kommentaren bedacht. Ich durfte sogar in der Verwaltung antreten, um mich zu rechtfertigen. Selbstverständlich gelobte ich Besserung. Das hatte ich davon!

Einige Kinder behaupteten noch Jahre später, dass dies das schönste Weihnachtsfest war, das sie an Ostern je erlebt hatten.

Einige Tage später besuchte ich die Gräfin und wir unterhielten uns über diese Geschichte. Sie amüsierte sich köstlich. Sie selbst hatte in ihrem Schloss schon die Französische Revolution nachgestellt, bis am Ende die Kürbisse an Stelle von Köpfen über die Flure im Schloss rollten. Da ließen es Danton und Robespierre nachträglich noch einmal richtig krachen und feierten ihre Auferstehung. Sie könne sich durchaus vorstellen, Ostern an Weihnachten zu feiern. So streng dürfe man das alles nicht sehen.

So sprach immerhin eine hochgebildete, äußerst kultivierte Persönlichkeit.

Was sollte mich da mein Gewissen für eine Festivität plagen, wenn sogar solch eine Person wie die Gräfin möglicherweise gerne mitgefeiert hätte?

„Bring die Kinder doch mal mit", sagte sie.

Das tat ich dann auch. Wir backten mit der Gräfin in der Schlossküche Kuchen.

Die Kinder hatten Spaß, die Gräfin und ihre Freundin lachten viel und all die Beteiligten waren sehr ausgelassen.

Anschließend gab es einen kleinen Spaziergang durch die Weinberge. Wir ließen uns den Kuchen mitgeben. Den aßen wir dann zu Hause und dachten an die beiden.

Kurz darauf starb ihr Mann. Mit den zwei Söhnen der Gräfin verstand ich mich sehr gut. Der Ältere verwaltete die Weingüter und das Schloss, der Jüngere war Kulturdirektor einer Stadt. Der Jüngere war im Unterschied zu seinem Bruder sehr unkonventionell.

Nach wie vor besuchte ich die Gräfin etwa einmal im Monat, und wir nahmen unseren Sherry und Espresso.

Junge, Junge ...

Nach knapp zwei Jahren in dem Kinderheim trat ich die Arbeit in einer Drogenberatung an. Ich war nun einundzwanzig Jahre.

Die therapeutische Wohngemeinschaft und die Praxis der Fischers kam finanziell ins Trudeln und geriet als private Einrichtung, mit ihrer gewinnorientierten Zielausrichtung, in Konkurs. Marie und Jörg ließen sich scheiden. Die Jugendlichen wurden - sofern sie nicht selbst in eine Wohnung zogen – auf andere Einrichtungen verteilt.

In den ganzen Wirren ging es darum, welche Einrichtung den Holger übernehmen würde. Die Einrichtungen, die geeignet gewesen wären, lehnten ab.

„Würdest du für eine Zeit den Holger aufnehmen können?", fragte mich Marie.

„Ich weiß nicht, wie das gehen kann. Ich habe eine Stelle in der Drogenberatung angenommen."

In einem Gespräch mit Holger schafften sie es dann doch, mich zu überreden. Holger zog bei mir ein. Der kleine Nebenraum, der bis dahin als Lager gedient hatte, wurde Holgers Zimmer. Das war natürlich ein totaler Wechsel in meinem Rhythmus.

Nun fuhr ich ihn morgens in die Schule, ging in die Drogenberatungsstelle und war mittags zum Kochen bei Holger, um dann wieder in die Drogenberatungsstelle zu gehen.

Ich klärte mit dem Jugendamt die Kosten und ging danach nur noch halbtags am Morgen in die Drogenberatung, wenn Holger in der Schule war. Ich war nun sozusagen Hausmann. Mittags nach Hause, Essen und Hausaufgaben machen.

An einem Tag ließ ich Boris mit Holger alleine.

Als ich wiederkam, hatte ich schon ein komisches Gefühl. Der Hund drückte sich an mich, wie er es vorher nie getan hatte.

„Holger, war etwas mit Boris?"

„Nein."

Am nächsten Tag ging ich aus unserem Hinterhof Richtung Vorderhaus, als mir der Hund durch das geschlossene Fenster, aus dem fünften Stock heraus, zu folgen versuchte. Dabei zerbarst die Glasscheibe und ein halber Hund stützte sich mit den Pfoten am Dach ab. Der Rest des Körpers hing noch in der Wohnung. Das sah schauerlich aus. Mir wurde angst und bange.

„Boris, steh!", sagte ich.

Bei „steh" blieb Boris stehen. Ich konnte so ohne Leine mit ihm durch die Stadt laufen.

Tatsächlich blieb er mit dem halben Leib im Fenster und schaute mir entgegen. Ich raste die Treppe hoch und zog ihn in die Wohnung.

„Holger, irgendetwas ist doch mit dem Hund los. Das hat er noch nie gemacht. Ich bin mir ganz sicher."

Die mit dem unschuldigsten Blick haben es faustdick hinter den Ohren. Holger schaute mich an. „Ich weiß nicht, was los ist."

Hunde haben Höhenangst, die tun so etwas nicht ohne guten Grund. Das war alles sehr seltsam.

„Komm, wir gehen zum Schreiner."

Ich hängte das kaputte Fenster aus und wir liefen los. Im Hof sprach uns eine Frau an.

„Das haben Sie davon. Der Junge hat gestern den Hund furchtbar verprügelt."

Ich glaubte, nicht recht zu hören.

„Sagen Sie das bitte noch einmal."

„Ja, der zog den Hund hinter sich her, der wollte aber nicht mit. Da hat er den Gürtel ausgezogen und ihn furchtbar verdroschen."

Mir schwoll der Kamm. Da hatte der Hund jetzt zwei Jahre lang bald hundert Kinder ertragen. Sie waren auf ihm herumgeritten oder er hatte ihre Schlitten gezogen. Boris konnten sie die Ohren zum Weihnachtsstern falten und er tat nichts. Nun kam Holger und vernichtete die Gutmütigkeit schlechthin. Ich wurde derart zornig, dass ich eine Sekunde nicht wusste, was tun. Alles was mir einfiel, durfte ich nicht tun. Verlier nicht die Beherrschung!

„Ich danke Ihnen für die Information."

Ich wusste nun, warum der Hund mir hinterher wollte. Der hatte wortwörtlich tierische Angst. Ich wusste nur, dass ich Holger im Moment nicht ertrug.

„Geh bitte in die Wohnung, ich gehe mit Boris zum Schreiner."

„Ja, ich gehe."

Auf dem Weg zum Schreiner ging ich beim Metzger vorbei.

„Ein Kilo Filet bitte."

Wir gingen in einen Park.

Ich brauchte einen Plan. Boris tat sich an dem Filet gütlich. Ich rauchte. Dann hatte ich es. Das Fenster wollte der Schreiner direkt reparieren. In der Zwischenzeit besuchte ich einen Freund, der ein Antiquitätengeschäft und eine Kneipe in der Stadt hatte. Mike. Der war schon immer scharf auf den Hund und ich wusste, dass er es dort gut haben würde. Ich wollte ihn ja nicht für immer dort lassen.

Ich besprach mit Mike mein Problem und er zeigte sich erfreut, dass ich ihm vertraute. Mit einem ganzen Fenster und ohne Hund kam ich zu Hause an.

„Wo ist der Hund?", fragte Holger.

„Du siehst doch, der ist weg."

„Warum?"

Wenn er so dumm tat, konnte das ein schwieriges Gespräch werden.

„Du magst den Hund nicht, sonst hättest du ihn nicht geschlagen, also habe ich ihn weggeben."

„Einfach so?"

„Nein, nicht einfach so. Ich möchte sein Leben schützen."

„Aber es hat ihn doch keiner umgebracht!"

„Noch nicht, Holger, noch nicht. Du musst sagen, es hat ihn noch keiner umgebracht. Das wäre wohl der nächste Schritt."

„Warum gibst du den Hund weg? Warum nicht mich?"

Ich hatte geahnt, dass so eine Frage kommen würde. Natürlich war es für ihn verwunderlich, dass ich ihn nicht zum Teufel jagte.

„Weißt du, Holger, ich glaube, dass es genau das ist, was du willst. Du willst, dass ich dich weggebe. So kennst du dein Leben. Nein, ich gebe dich nicht weg. Du siehst, ich gebe eher den Boris weg, obwohl mir das wehtut. Du musst leider bleiben, auch wenn das unerträglich für dich ist."

Das war das erste Mal, dass ich ihn weinen sah. Holger und weinen. Das hatte ich noch nicht erlebt.

„Möchtest du in dein Zimmer gehen und über alles nachdenken?"

„Ja."

Der nächste Tag. In die Schule fahren, Drogenberatung, nach Hause, kochen, Schulaufgaben und mich mehr oder weniger schweigsam mit Holger in der Wohnung aufhalten.

Ich tat, als würde ich lesen. Ihn ließ ich nicht aus den Augen.

„Bist du noch böse auf mich?"

„Ja."

„Hast du den Boris lieber als mich?"

„Bitte? Ich habe euch beide lieb."

„Warum hast du ihn dann abgegeben?"

„Weil ich ihn vor dir schützen wollte. Das habe ich dir aber gestern schon erklärt. Hast du da etwas nicht verstanden?"

„Der Boris hat aber nichts gemacht."

„Das kann er auch nicht. Boris ist ein lieber Hund. Der kann keinem was tun, sonst hätte er dich gebissen, wie du ihn geschlagen hast."

„Das stimmt."

Na, immerhin. Das hatte er schon mal richtig erkannt.

„Möchtest du vielleicht in dein Zimmer gehen und darüber nachdenken?"

Er ging.

Über etwas grübelte er nach. Ich war gespannt, wie oft ich ihn auf diese Weise noch ins Zimmer schicken konnte und was dann passieren würde. Ich war noch immer Weltmeister im Warten. Ich hatte nicht wirklich einen Plan. Ihn nun ständig mit meiner Frage ins Zimmer zu schicken, war mir aus der Situation heraus eingefallen. Seltsamerweise funktionierte das.

Manchmal besuchte ich Boris und ging mit ihm spazieren. Natürlich blieb er mein Hund, aber mit Holger konnte ich ihn leider nicht teilen. Das ging ein paar Wochen so. Immer wieder mal sprach ich mit Holger, aber kurz vor einem gewissen Punkt war meistens Ende. Mit meiner Frage schickte ich ihn sicherlich zigmal in sein Zimmer, wo er in Ruhe nachdenken konnte.

„James?"

„Ja, was ist?"

„Ich hatte Angst, dass du den Boris lieber hast wie mich."

„Wie meinst du das?"

„Ich war neidisch."

Da hüpfte also der Frosch ins Wasser!

„Holger, das heißt Eifersucht. Du warst eifersüchtig auf den Boris. Hast du ihn deswegen verprügelt?"

„Ja."

Oh Mann.

„Darf ich dir etwas erklären, was du dir unbedingt für den Rest deines Lebens merken musst?"

„Ja, erzähl."

Ich setzte mich neben ihn.

„Eifersucht geht nicht weg, wenn du jemand anderen schlägst, auf den du eifersüchtig bist. Sie wird nur noch schlimmer, weil es den anderen trotzdem noch gibt. Da kannst du auf ihn einschlagen, wie du willst. Der ist dann immer noch da. Verstehst du das?"

„Ich glaube ja."

„Ich will aber jetzt nicht ins Zimmer zum Nachdenken."

Ich musste herzhaft lachen. Ich hatte noch gar nicht daran gedacht, ihn ins Zimmer zu schicken, aber er erkannte scheinbar einen Rhythmus. Er lachte auch.

„James, was tust du, wenn dich die Eifersucht packt?"

„Ich werde traurig, weil ich nicht bekommen kann, was ich will."

„Nur traurig?"

„Ich werde wütend auf mich selbst, weil ich etwas haben will, was ich nicht bekommen kann. Wütend auf mich, dass ich so blöd bin, es trotzdem zu wollen. Weil ich nicht blöd sein will, suche ich mir dann etwas, was ich haben kann. Ich fahre dann zum Beispiel mit dem Auto spazieren und dann freue ich mich wieder."

„Du suchst dir eine neue Freude?"

„Genau. Neue Freude, neue Freunde und alles, was ich haben kann. Manche fressen dann oder kaufen sich etwas für ihr Geld. Ich fahre spazieren. Wo es mir gefällt, halte ich an."

„Das gefällt mir."

„Das freut mich. Holger, das war ein tolles Gespräch. Gehen wir Pizza essen und fahren dann ein bisschen mit dem Auto?"

„Na klar."

Ich glaubte, dass da ein Knopf aufgegangen war.

Das sollte sich später noch zeigen. Ich wäre allerdings nie darauf gekommen, auf welche Weise.

Mein Problem - so ganz nebenbei - war, dass ich kaum noch aus dem Haus kam. Meine sozialen Kontakte schwanden dahin und ich wollte nun den Rhythmus wechseln. Holgers Probleme mussten in einer Therapie gelöst werden.

Ich sprach bei einer Therapeutin vor, die ich kannte. Sie kannte auch Jörg und Marie und war mit dem Umfeld vertraut. Zu ihr ging Holger dann einmal in der Woche.

Nach einigen Tagen einigte ich mich mit ihm, dass ich Boris wieder holen würde. Ich versicherte ihm, dass er mir genauso wichtig sei wie Boris und dass ich, wenn der Hund nicht mehr vor Freude mit dem Schwanz wedeln würde, wenn er ihn sah, ihn Sekunden später wieder weggeben würde.

Ich achtete also fortan darauf, dass er sich schwanzwedelnd dem Holger näherte. Dem erklärte ich noch einmal, dass ich das sehr ernst meinte. Alles lief gut. Wir besuchten zusammen Mike, damit Holger sah, wo Boris hinkäme, sollte es noch einmal Schwierigkeiten geben.

„Hoffentlich benimmst du dich daneben. Dann habe ich endlich einen Hund!", sagte Mike.

Boris schlief bei mir im Zimmer neben dem Bett. Eines Nachts wurde ich wach.

Ich glaubte nicht, was ich da sah! Holger stand nackt hinter dem Hund und schien ihn zu bumsen.

Mit halbem Auge sah ich dem Treiben zu, bis ich es erfasst hatte. Ich stand auf und machte das Licht an.

Holger sah mich erstaunt an.

„Weißt du, dass du dir die Pfeife verbrennst, wenn du den Hund bumst? Der leckt an jeder Scheiße herum und an seinem Hintern. Du holst dir die Syphilis oder andere Geschlechtskrankheiten. Außerdem macht dich die Syphilis blöd im Schädel und das Ding fault dir ab. Guck mal, der ist schon ganz rot. Geh und mach dich sauber!"

Das tat er.

„Zieh dir was an. Ich bitte dich. Tu das einfach nicht wieder. Ich möchte nicht, dass irgendwann dein Pimmel abgefault hier in der Wohnung herumfliegt. Hast du verstanden, dass das gefährlich ist?"

„Ja, habe ich. Es ist nur so, dass ich den Boris lieb habe."

„Ich hab ihn auch lieb, aber deswegen vögele ich ihn doch nicht!"

„Tut mir leid."

„Es ist deine Pfeife, die abfault. Der Hund kann mit den Bakterien leben. Du nicht. Tu mir einen Gefallen und gehe schlafen. Ich bin müde."

„Gute Nacht."

„Ja, dir auch."

Statt den Hund zu schlagen, wollte er ihn nun wohl zu Tode lieben. Verrückte Welt. Ich musste ja nicht alles verstehen. Allerdings berichtete ich der Therapeutin davon.

Holger war nun über ein Jahr bei mir und es gab einen Platz in einer Einrichtung, die scheinbar mit schwierigen Kindern seines Kalibers umgehen konnte. Ein Therapieschiff, das rund ums Mittelmeer fuhr, und auf dem soziales Verhalten gefördert werden sollte. Ausweichen konnten die Jugendlichen auf dem Schiff ja nicht. Das war die Idee.

Ich traute der Sache nicht. Das begann schon mit dem Namen des Schiffes. Nun wusste ich ja genau, dass Namen für eine Person oder eine Sache eine wichtige Symbolik haben und nicht von ungefähr etwa so oder so genannt werden.

Das Schiff nannten sie Gangster.

Einige Tage später war Holger auf dem Schiff.

Bei unserem Abschied kam ich mir fast vor wie eine Mutti, die ihren Buben in die Welt entlässt. Tatsächlich verspürte ich noch Tage später den Drang, nach Hause zu stürzen, weil doch Holger auf sein Essen wartete. Das war einfach ein Reflex. Ein kleines Loch riss das schon. Ich würde mich nie an Abschiede gewöhnen können. Wie sagte mal einer:

„Die schwersten Zeiten sind die schönsten Zeiten."

Das war natürlich blanker Unsinn.

Die Zeit mit Holger war schwer. Sehr schwer.

Von ihm hörte ich noch einmal nach Monaten. Die Gangster hatte in Spanien in einem Hafen angelegt und die Burschen durften an Land. Dort brachen sie in ein Gebäude ein, in der Hoffnung auf fette Beute. Holger mit dabei.

Das Haus ihrer Begierde war sinnigerweise das dortige Sozialamt gewesen. Zu holen war dort natürlich nichts, aber die Polizei erwischte sie und sie wurden eingebuchtet. Wer da welche Strafen bekommen hatte, erfuhr ich nicht. So viel zu dem Therapieschiff Gangster. Vor einigen Monaten traf ich Jörg, der mir erzählte, dass Holger seinen Vater kennengelernt hatte. Die beiden hatten sich im Flur einer Behörde geprügelt, weil der Vater seinem Sohn angeblich die Sozialhilfe klauen wollte.

Nun arbeitete ich – nachdem Holger weg war – natürlich ganztags. Ich versuchte eine Gruppe in der Drogenberatung zu formieren, die ab und zu Unternehmungen plante und durchzog. Das klappte am Anfang ganz gut. Bei einem Treffen mit einem der Gruppenmitglieder in dessen Wohnung kam es zu einem Erlebnis, das mir lange zu denken gab. Wie ich so auf seinem Sofa saß, fing er an, in seiner Wohnung nach Drogen zu suchen. Das begann in der Küche. Anscheinend gab es dort nichts zu finden und er streckte seine Bemühungen auf das Schlafzimmer aus. Er geriet immer mehr in Hektik und war kaum noch ansprechbar.

„Was suchst du?"

„Dope."

„Welches Dope?"

Keine Antwort.

Nach dem Schlafzimmer nahm er nun das Wohnzimmer in Angriff. Dort saß ich auf dem Sofa, auf das er zielstrebig – mit einem Messer bewaffnet – zusteuerte. Mir wurde ganz mulmig im Magen. Tatsächlich! Mit dem Messer schlitzte er neben mir das Sofa auf und ich wich ans Ende des Möbels. Noch saß ich.

„Hier kann doch gar nichts sein, das Sofa ist doch zugenäht. Da gibt es keine Öffnung, wo etwas stecken könnte."

Mein Einwand wurde überhört. Ratsch! Dicht neben mir entstand die nächste Öffnung. Das Messer kam mir bedrohlich nahe. Kein Zweifel, der Kerl war völlig durchgedreht. Ich stand auf und suchte Abstand zu ihm und dem Sofa.

„Du könntest mir ja mal helfen. Irgendwo muss es doch sein."

Es war wohl besser, mich zu verabschieden.

„Ich schau schon mal im Flur nach."

Damit war ich weg.

Eine Antwort wartete ich gar nicht mehr ab. Mein Heil lag in der Flucht.

Es verstand sich von selbst, dass ich danach weiten Abstand von jeder Wohnung nahm, in die ich von Drogenabhängigen eingeladen wurde. Die Gruppe löste sich nach und nach auf.

Es gab noch die Gruppe der Anonymen Alkoholiker, die mir allemal lieber war, als die der Rauschgiftabhängigen. Da gab es durch alle Gesellschaftsschichten jede Art von Persönlichkeit.

Insgesamt organisierten sie sich selbst und brauchten von der Drogenberatung eigentlich nur die Räume für ihre Versammlungen.

Einer von ihnen bemalte mir mal eine alte Truhe. Die habe ich noch heute. Sie erinnert mich an diese Zeit.

Ab und zu kamen auch mal Eltern mit ihren Kindern, die eine Beratung wünschten. Das waren die Fälle, auf die man noch einwirken konnte. Ansonsten erging sich die Arbeit in Routine. Jeder Beamte hätte das nebenbei gemacht. Ich fühlte mich ganz einfach unterfordert. Den ganzen Tag da sitzen und Tee trinken, war nicht so meine Sache.

Ich beschloss, die Fachhochschule für Sozialpädagogik zu absolvieren. Eines Tages klingelte es an meiner Wohnung und eine dickliche Dame stand vor der Türe.

„Ich bin von einer Maklerfirma, ich will nur rasch schauen, wie es hier so aussieht."

Bevor ich noch etwas sagen konnte, dampfte diese Person an mir vorbei und sprach in ein Diktiergerät.

„Was ist mit der Wohnung?"

„Die soll verkauft werden, dann wird sie saniert. Das könnte mit der Wohnung nebenan ein traumhaftes Dachgeschoß werden."

Damit war sie wieder verschwunden.

Erbärmlich ...

„Boris, hör mal zu. Unsere Wohnung soll verkauft werden."

Freundlicherweise bellte er einmal. Ich wollte nicht abwarten, bis mir einer kündigen würde und verließ das Etablissement zugunsten einer Wohnung in der kleinen Straße, in der ich meine Vermieterin seinerzeit mit dem Anblick meines goldgelben Luxuskörpers am Fenster so furchtbar erschreckt hatte. Unter der Wohnung gab es eine Kneipe, in der ich ab und zu essen ging. Es stellte sich heraus, dass die Kneipe auch meinem Freund Mike gehörte. Ich fühlte mich ganz wie zu Hause. Am Ende der Straße gab es eine Bar.

Die gehörte einem stadtbekannten Schwulen, der mehrere Animierdamen beschäftigte, von denen einige bei mir im Haus über der Kneipe wohnten. Das störte mich nicht sonderlich. Im Gegenteil brachten die richtig Abwechslung in die Bude.

Mike lebte mit zwei Frauen zusammen. Das war etwas ungewöhnlich, aber irgendwie lief das ganz gut. Jede hatte ein Kind von ihm. Wenn ich am Abend Langeweile hatte, ging ich in die Bar am Ende der Straße und unterhielt mich mit den Mädchen. Zu den Getränken luden sie mich ein, sodass ich nicht einmal Geld ausgeben musste. Ich hatte die Arbeit in der Drogenberatung gekündigt und mich an der Fachhochschule etwa fünfzig Kilometer weiter weg beworben. Ich hatte also zum ersten Mal richtig Zeit für mich. Die Kontakte in der Bar intensivierten sich. Nach und nach besuchten mich auch einige der Mädels in meiner Wohnung. Um mir die Pfeife nicht zu verbrennen, benutzte ich generell ein Kondom.

Auf einem Flohmarkt sah ich einen gynäkologischen Stuhl. Den kaufte ich. Was sich damit alles machen ließ, war unglaublich. Dem Versuch einer Beschreibung werde ich mich hier nicht hingeben.

Zu dem Stuhl kam noch ein Solarium, das ich an die Decke hängte. Nun konnten sich die Mädels - und manchmal auch ich - in entspannter Lage bräunen und sich verwöhnen lassen. Das sprach sich irgendwie herum.

Mancher Freund nutzte diesen Raum und überließ sich den Sinnesfreuden.

Die Straße wurde mein ganz eigenes Zuhause. Manchmal ging ich in ein Pub in der Stadt. Dort saßen zumeist Amis, spielten Poker und tranken Bier. Zu denen gesellte ich mich und schaute dem Kartenspiel zu. Ich fand durch Erzählungen heraus, dass das Bier in Amerika angeblich viel schwächer sei als das in Deutschland.

Nun strengten sich die meisten aber an, das gleiche Quantum an Bier zu trinken, wie sie es zu Hause gewohnt waren. Das musste ja schief gehen. Zumeist waren sie nach einigen Getränken leidlich angetrunken und spielten dennoch Poker, bei dem man sich besser konzentriert hätte. Darin sah ich meine Chance. Ich stieg mit ein.

In dem halben Jahr, in dem ich auf meinen Studienplatz wartete, habe ich mein Leben fast ausschließlich aus den Gewinnen beim Pokern finanziert. Boris saß brav unter dem Tisch und döste meist vor sich hin. Eines Tages saß eine attraktive Frau an unserem Tisch. Gerda.

Gerda hatte dunkelbraune Augen, schwarze Haare und einen durchtrainierten Körper. Nicht wirklich muskulös, aber sie hatte eine Spannung im Leib, die man förmlich spüren konnte. Eine sehr selbstbewusste Person. Sie sah verdammt gut aus.

Wie wir so saßen, unterhielt sich Gerda mit einem Farbigen. Ich dachte nur, dass sie doch genauso gut mich hätte anbaggern können. Wie der auf Toilette ging, sprach ich sie an.

„Wieso gefällt dir dieser Typ?"

„Was geht das dich an?"

„Du gefällst mir. Ich frage mich nur, was dir denn so gefallen könnte. Reine Neugier."

„Du würdest keinen Stich machen, das kann ich dir schon mal sagen. Ich stehe auf Schwarze. Die haben mehr in der Hose und Feuer im Blut."

Da wusste sie wohl mehr drüber.

„Deine Rede ist sehr eindrucksvoll. Haben alle Neger einen Großen?"

„Denk nicht darüber nach. So viel hast du nicht zu bieten."

Was für ein vulgäres Stück.

„Du würdest deine Neger vergessen, wenn du wüsstest, was Weiße können. Hast du das schon einmal ausprobiert?"

Ich erlaubte mir einfach, so offensiv zu sein wie sie.

„Was ich mache, würdest du sicher nicht gesund überleben."

Wow! Was für eine Rede.

Die machte mich mit ihren Sprüchen richtig heiß. Wenn man es genau betrachtete, hatten wir bereits verbalen Sex an diesem Tisch. Nun gab ich den ganz Coolen. Ich schrieb meine Adresse und die Telefonnummer auf einen Bierdeckel und warf ihn ihr über den Tisch zu. „Wenn du was wirklich Gutes erleben willst, kommst du einfach vorbei. Okay?"

„Da kannst du lange warten."

Ich stand auf und ging.

Das war wahrscheinlich zu viel des Guten. Welche Frau sollte nach so einer Anmache bei mir vorbeikommen? Mir fiel keine ein.

Etliche Tage war ich nicht mehr im Pub. Gerda war vergessen. Eines Abends klingelte es an der Wohnungstüre. Da stand sie! Mir wurde flau im Magen. Unser Gespräch war eher flüchtig. Ein bisschen Rotwein, ein paar Sprüche und Gerda wollte es wissen. Bis dahin hatte ich keine kennengelernt, die derart das Heft in die Hand nahm. Sie spielte das Spiel umgekehrt. Sie nahm mich. Das kannte ich noch nicht. Ich hielt die ganze Nacht dagegen.

Das war die schwierigste Nummer in meinem ganzen Leben. Das Ganze hatte fast etwas von einem Kampf. Ich hatte eigentlich keinen wirklichen Genuss dabei und als ich endlich irgendwann am Morgen kam, musste ich furchtbar lachen. Wenigstens war ich gekommen. Da lagen wir wie zwei Ringer schweißgebadet nebeneinander, und ich konnte nicht aufhören zu lachen. Ich fand, dass unsere Aktion mit Sex wenig zu tun hatte.

Bevor ich noch was sagen konnte, zog Gerda sich an und ging Richtung Ausgang.

„Soll ich dich nicht wenigstens nach Hause fahren?"

„Ich nehme mir ein Taxi, tschüss, James. Der Bringer warst du übrigens nicht."

Sie ging. Ich war also eine Niete in Gerdas Augen. Ich machte mir mächtig Gedanken.

Etliche Tage später traf ich Gerda wieder im Pub mit einem anderen Farbigen.

„Hallo James, wie gehts?"

„Nicht ganz so gut, wie ich es gerne hätte, wenn ich dich sehe."

„Wieso denn? Du hast das Maul aufgerissen und nichts kam dabei heraus. Da bist du doch selber schuld."

Gerda nahm wirklich kein Blatt vor den Mund.

„Das hat mit Schuld nichts zu tun. Was zwischen uns passiert ist, betrachte ich als Überfall auf mich."

„Was meinst du damit?"

„Du hast keine Ahnung von Sex. Du setzt dich auf einen Kerl und brichst ihm das Ding in zwei Hälften. Sex geht anders."

Immerhin sah sie mich einigermaßen erstaunt an.

„So, so. Du hast wohl eine Menge Erfahrung."

„Wenn du mal deinen Kampfgeist aus der Sache nimmst, könnte ich dir zeigen, worum es geht. Die Chance würde ich dir geben."

„Du mir? Wohl eher ich dir."

„Okay, wenn wir beim Kämpfen bleiben wollen, steht es eins zu null für dich. Gefällt dir das besser?"

„Hört sich gut an. Wenn ich mal Zeit habe, besuche ich dich vielleicht."

„Also, bis dann."

Ich stand auf und ging. Wo ich wohnte, brauchte ich ihr ja nicht noch einmal aufzuschreiben. Ich wusste diesmal, sie würde kommen. Ich brauchte nur zu warten.

So war es.

„Gerda, kannst du auch zärtlich sein?"

Sie konnte.

Ich durfte den Rhythmus vorgeben und Gerda ließ sich darauf ein. Wir bekamen beide, was wir wollten. Sie war bei allem, was sie tat, auf Kampf eingestellt. In ihrem Stiefel – das zeigte sie mir – steckte ein Rasiermesser.

„Wenn mir jemand an die Wäsche geht, bekommt er es hiermit zu tun."

Da konnte man fast Angst bekommen.

Gerda war eine waschechte Zigeunerin, die sich dem Diktat ihres Vaters widersetzte. Sie hatte einige Brüder und hatte sich auch mit denen überworfen. Teilweise verdiente sie ihren Lebens-unterhalt mit Sex.

Das erfuhr ich allerdings erst Monate später, als sie mir mehr von sich erzählte. Irgendwie tat sie mir leid.

Sie erinnerte mich an meine Vergangenheit, die ich schon für sehr lange verarbeitet hielt. Mental stand sie da, wo ich etwa mit sechzehn gestanden hatte. So kam es mir vor. Sie war etwas älter als ich und manchmal dachte ich, dass sie ruhig etwas gelassener durch die Welt gehen könnte. Ich war doch auch ruhiger geworden.

Hatte ich mich verliebt? Ich wusste es nicht. Nachdem wir uns aufeinander eingelassen hatten, hatte ich mit ihr auf jeden Fall den besten Sex der Welt. Eigentlich wollte ich auch nur das eine von ihr.

Die Liebe habe ich nie gesucht. Sex gab es überall so viel, wie ich wollte. Manchmal begegnete ich vielleicht der Liebe, aber möglicherweise sah ich sie nicht, weil der Sex dazwischen stand. Der stand dann da wie eine Nebelwand. Ich sah einfach nicht hindurch. Wohl jedem, dem der Wind der Liebe diese Nebelwand zerreißt. Einige von denen, die ich kennenlernte, heirateten nur aus dem Grund, um nicht allein zu sein.

Das hatte mit Liebe nichts zu tun. Das waren aus meiner Sicht die traurigsten Fälle.

Mit Gerda ging das bald zwei Jahre so. Das war ganz ähnlich wie bei einer Katze. Wenn sie mal wieder Hunger hatte, stand sie vor der Türe. Einen festen Rhythmus gab es nicht. An einem Abend, als Gerda bei mir war, kam ein Hüne von einem Kerl an meine Wohnungstüre.

„Was wollen Sie?", fragte ich.

„Wo ist Gerda?" Er schob mich unsanft zur Seite.

„He, du Arsch, was soll das?"

Kaum dass ich ausgesprochen hatte, bekam ich einen Hieb, dass ich mitten in den Raum flog. Zunächst sah ich nur Sternchen. Als ich aufstehen wollte, bekam ich noch einen Schlag. Mir brummte der Kopf. Ich hatte null Chancen. Der Kerl schnappte Gerda, noch bevor sie ihr dummes Rasiermesser greifen konnte, und schleifte sie aus der Wohnung. Die Türe knallte hinter ihnen zu. Bis ich in den Schuhen war und vor die Haustüre laufen konnte, waren Gerda und der Typ mit einem Auto verschwunden.

Ich sah Gerda nicht mehr wieder. Immer mal schaute ich in dem Pub nach und fragte nach ihr. Bei einigen Adressen, die mir genannt wurden, erkundigte ich mich. Nichts.

Ich vermisste sie.

Später hörte ich, dass Gerda in einer Kneipe bei einem Streit – weiß der Teufel, worüber – ums Leben gekommen war. Sie musste ihr Rasiermesser gezückt haben und war mit einem Schuss aus einer Pistole von ihrem Kontrahenten niedergestreckt worden. Sie hatte sich noch in den Hinterhof schleppen können und war dort zusammengebrochen. Zu sehen, wie dieses Schwein von Zuhälter sie aus meiner Wohnung verschleppte, und als letzte Schilderung zu hören, wie Gerda in einem schmutzigen Hinterhof ihrem Leben den letzten Atemzug gab, machte etwas mit mir.

Ich erfuhr nicht, ob es sich bei dem Täter um den Typ handelte, der Gerda aus meiner Wohnung geschleift hatte, aber die Vermutung lag nahe. Auch dachte ich an Moka. Da gab es einen roten Faden. Wenn ich ein verletztes Tier sehe, schlage ich doch nicht zusätzlich darauf ein. Nicht, dass ich die beiden als geschundene Kreaturen bezeichnen würde, aber die Verletzlichkeit, die doch bei ihnen übersehen wurde, ließen mir die Welt mehr als böse erscheinen.

Auf der anderen Seite schien es, als sei es ausgerechnet ihre Vitalität, die ihr Umfeld animierte, auf sie einzuschlagen und – im Fall von Gerda – sie letztendlich umzubringen. Mehr noch als um ihr Leben, hatte man die beiden ihrer Würde beraubt.

Ich habe ein bisschen Probleme mit der Höhenangst.

In Abgründe zu schauen, macht mich schwindelig.

Den Typ, der sie so rabiat aus meiner Wohnung geholt hatte, sah ich viele Monate später auf einer Autofahrt in einer nahegelegenen Stadt. Ich erkannte ihn sofort wieder, wie er mir da auf dem Bürgersteig entgegenkam. Mir war klar, dass sich hier eine Möglichkeit bot, den Dingen eine Wendung zu geben. Körperlich hätte ich nichts bei ihm ausrichten können, aber jeder kämpft mit seinen eigenen Waffen. Habe ich eigentlich erwähnt, dass mich hin und wieder die Rachsucht trieb?

Ich hätte nicht damit leben können, nichts zu tun. Ich wendete an der nächsten Kreuzung. Auf gleicher Höhe mit ihm, öffnete sich der Wagenschlag – vielleicht kommt daher der Name – und traf ihn volle Breitseite.

Der Kerl flog durch die Luft und landete im Irgendwo. Ich ging mal davon aus, dass die Wirkung des Aufschlags einem Boxhieb entsprach. Natürlich einem aus der Meisterliga.

Theorie ...

Ich bekam meinen Studienplatz in der Fachhochschule für Sozialpädagogik und schrieb mich ein.

Herr Heuss war an dieser Fachhochschule Dozent und hielt Vorlesungen in Jugendhilfe und Jugendrecht. Meine Entscheidung zum Studium ermunterte ihn, mir das Du anzubieten. Ich wertete das als Angebot, mit ihm auf Augenhöhe zu kommen. Das ehrte mich einerseits, andererseits wurde mir dadurch klar, dass ich anscheinend ein Stückchen erwachsener geworden war. Nun hieß Herr Heuss für mich Ditmar. Er machte seine Sache als Dozent gut. Bei den Studenten war er beliebt. In der Hochschule hatte er ein Zimmer und manchmal traf ich ihn dort. Wir unterhielten uns dann und tranken Kaffee.

Die Situation, losgelöst von der Schule zu sein, allein zu wohnen und nun in einer anderen Stadt ein Studium zu absolvieren, katapultierte mich in eine Art von Selbstständigkeit, die ich so nicht kannte.

Nicht, dass ich vorher nicht schon selbständig gewesen wäre. Mir ging aber auf, dass die Arbeit in einem Heim – egal in welchem – ein Umfeld bot, in dem ich mich bestens auskannte und wo ich mich sicher fühlte. Dieses Umfeld fiel nun weg. Ich war nun wirklich – und vor allem ohne dieses gewohnte Umfeld – für mich selbst verantwortlich.

Die theoretische Ausbildung zum Sozialpädagogen bildete ebenso eine gänzlich andere Welt für mich. Da wurde viel Statistik sowie Soziologie in Form der Einschätzung von Bevölkerungsgruppen und für mich abstrakte Beurteilungen über diese Gruppen gelehrt.

Da ging es etwa darum, inwieweit ein schmutziges Umfeld mit asozialem Verhalten korreliert. Die Korrelationsrechnungen gaben dann darüber Aufschluss, wie sich Zusammenhänge zwischen den verschiedensten Faktoren und deren Auswirkungen auf ein bestimmtes Verhalten niederschlugen. Alles in Prozent und Mengentabellen. Das war mir zu abstrakt.

In den Vorlesungen über Psychologie und Pädagogik wurden aus meiner Sicht Dinge aus der Fachschule oder den Erkenntnissen verschiedener Therapieformen repetiert, die ich längst zu hören geglaubt hatte.

Ich genoss eigentlich nur die Freiheit, die das Studium mir bot. An schönen Tagen konnte ich mit meinem Hund spazieren gehen, da sich die Hochschule in der Nähe eines Waldes befand. Ich arbeitete in den Semesterferien wieder bei meinem Altpapierhändler und verdiente dort Geld. Das Studium war mir zu abstrakt und entsprach nicht meinem – zugegeben – einfachen Gemüt. Ich musste praktisch arbeiten.

Neben der Technik – so musste ich mir eingestehen – war ich für die höheren Weihen eines studierten Genius eher nicht geeignet. Allerdings bekam ich erstmals eine Ahnung davon, dass ich mich irgendwie noch immer in einem Kinderheim befand und lediglich die Seiten gewechselt hatte. Zumindest hegte ich immer mal den Verdacht. Gut, ganz so einfach war es wahrscheinlich nicht, aber der Gedanke, dass es so sein könnte, und ich so einfach strukturiert war, kam mir immerhin zwischendurch öfter. Glücklich machte mich das nicht gerade.

Immerhin schien ich doch so einfach gepolt, dass ich diese lästigen Eingebungen zur Seite schieben konnte. Ich war ein erfolgreicher Verdränger. Noch immer.

An einem dieser Tage begegnete ich einem jungen Mann, der mit mir in der Handelsschule gewesen war. Thomas studierte Ingenieurtechnik an der Universität. Das machte mir Eindruck. Technik. Da musste man schon einiges in der Birne haben.

Mir machten immer die Dinge Eindruck, von denen ich nichts verstand und womit andere scheinbar mühelos umgingen. Das war auf jeden Fall eine Welt, die ich nie verstehen würde. Nichtsdestotrotz konnte man sich ja dennoch als Mensch begegnen. Es nahm mich Wunder, wie andere Studenten ihre Situation erlebten.

Eine andere Welt …

Thomas lud mich in seine Wohngemeinschaft ein. Das war nun keine Wohngemeinschaft in üblichem Sinne. Eine schlagende Verbindung. Thomas wohnte mit neun anderen Studenten in einer Villa. Durch das Entree kam man in ein großes Wohnzimmer mit offenem Kamin. Überall Parkett. Einer lümmelte auf einem großen Ledersofa herum und schaute Fernsehen.

„Hallo, wie geht's?"

„Gut, danke."

Ich wurde vorgestellt.

„Das ist James, ein alter Kamerad, der an der Hochschule Pädagogik studiert."

„Dann hat er kein Abitur?"

„Nein, aber das macht doch wohl nichts, oder?"

„Nein. Ist ja auch egal."

Seltsam, dass er danach fragte, wenn es doch egal war. Das stank mir bereits.

„Komm, ich zeige dir die anderen Räume."

Eine große Küche, ein Bücherzimmer und eine Art Salon.

„Hier treffen wir uns für Besprechungen oder wenn Besuch kommt."

Ich fand, das Ganze hatte Klasse. Alles war blitzblank, was ich von Studenten und vor allem von Wohngemeinschaften überhaupt nicht kannte.

„Wie habt ihr die Putzarbeit aufgeteilt?"

„Welche Putzarbeit? Morgens kommt die Putze und erledigt den Dreck."

Ich war beeindruckt.

Irgendetwas ging hier nicht mit rechten Dingen zu.

„Wie bezahlt ihr das alles?"

Wir waren in seinem Zimmer angelangt und setzten uns an einem antiken Tisch auf ebensolche Stühle. Auch hier Parkett. Er erklärte mir, wie eine Verbindung funktionierte. Die alten Herren, die aus der Verbindung hervorgegangen waren, finanzierten die Jungen. Da waren erhebliche Gelder und wortwörtlich Verbindungen im Spiel. Nach erfolgreichem Studium wurden sie in entsprechende Positionen in der Wirtschaft oder gesellschaftliche Institutionen vermittelt, wo sie dann mit einem Teil ihres Geldes die nächste Generation von Elite protegierten. Protektion wurde großgeschrieben. Die Idee fand ich grundsätzlich gut, wenn da nicht eine - zumindest gefühlte - Arroganz mitgeschwungen hätte. Ehre, Disziplin, Tradition, Führungspersönlichkeiten und Konventionen, die es zu verteidigen gab ... bla ... bla.

„James, hörst du noch zu?"

Ich musste wohl beim Blick aus dem Fenster abgelenkt worden sein. Zu dem Haus gehörte ein kleiner Park. Die Geschichte einer Herrenrasse kam mir in den Sinn. Niemals hätten die Besitzer einer solchen Immobilie einer normalen Wohngemeinschaft ihr Haus überlassen. Die mussten das entweder besetzen oder kamen nie in den Genuss einer solchen Unterkunft. Das hier war keine Arbeiterklasse und darauf waren sie stolz. Ich glaubte, darüber etwas mehr zu wissen. Ohne Arbeiter wären die nicht das, was sie zu sein glaubten. Hier sah man das eher umgekehrt. Ja dann halt. Wenn daraus erfolgreiche Unternehmer oder Ärzte und Ingenieure hervorgingen, die das Land nach vorne brachten, sollte es mir recht sein. Warum nicht?

Die etwas abgehobene Art, wie man hier die Welt sah, war neu für mich, beeindruckte mich aber andererseits. Mit meiner Welt und wie ich sie sah, hatte das wenig zu tun. Ich musste für jeden Krümel, den ich wollte, arbeiten und das tat ich natürlich. Ich war

148

nicht neidisch.

Ich fand einen Rolls Royce auch dann schön, wenn er jemand anders gehörte. Mir genügte mein Käfer. Ich wollte nur fahren und das konnte ich mit ihm.

„Wir haben noch ein Zimmer frei, ich könnte mir vorstellen, dass du ganz gut zu uns passen würdest."

„Ich habe einen Hund, den ich überall mitnehmen muss. Der liegt sogar in der Hochschule neben mir."

„Der Hund macht nichts. Soll ich dich bei den anderen einführen?"

Ich teilte Thomas meine Zweifel mit.

„Ich bin nur ein dummes Arbeiterkind. Ich werde später sicher keine Elite mitfinanzieren können. Mein Mentor ist mein ehemaliger Vormund. Eine Gräfin hätte ich noch im Angebot. Ich bin nicht ganz sicher, ob die beiden sich auf diesem Level hier bewegen, aber ich kann sie ja mal fragen."

„Das spielt alles keine Rolle. Hier hat keiner Vorurteile."

Daran hatte ich schon bei der Frage nach dem Abitur einen kleinen Zweifel. Ich hatte schon immer Spaß daran, wenn Dinge in Bewegung kamen. Dem schien gerade so zu sein. Einige Male besuchte ich also die Jungs in der Villa und, im Gegensatz zu einigen von denen, war ich bei Weitem nicht so trinkfest, wie es dort angeraten schien. Ich erzählte nur das Minimum von mir. Ich musste sie irgendwie überzeugt haben, denn Wochen später - nach deren Rücksprache mit den alten Herren - sollte ich nach einer Art Aufnahmeritual dazu gehören. Soweit sollte es aber nicht mehr kommen.

Einer der Studenten schaute mich beim Betreten des Wohnzimmers mit gespanntem Gesicht an.

Ich genoss die Aufregung und hatte doch ein wenig Angst vor dem, was kommen würde.

Der mich so gespannt ansah, meinte: „Normalerweise haben wir hier keinen, der nicht in unserer Tradition steht und aufgewachsen ist, aber in deinem Fall machen wir eine Ausnahme. Der Thomas hat sich für dich verbürgt. Er wird dein Mentor sein."

Das hatte ich in ähnlicher Weise schon einmal gehört.

Frau Miller hatte doch damals schon eine ähnliche Rede geschwungen, die mich veranlasst hatte, die Fotolehre zu beenden. Nicht schon wieder, dachte ich. Konsterniert schaute ich Thomas an. Der schien aber nicht gehört zu haben, was ich gehört hatte.

„Habe ich das eben richtig mitbekommen?"

„Was denn?"

„Hast du nicht gehört, was dein Kollege eben gesagt hat? Ich stehe nicht in eurer Tradition und bin nicht in ihr aufgewachsen. Er hat ja recht. Es stimmt."

Der Typ, der mich angesprochen hatte, mischte sich ein.

„Du kannst Thomas getrost in Ruhe lassen. Wenn dir was nicht passt, sag es mir."

Der machte mich richtig sauer.

„Ja, ich sag dir was. Ihr solltet dieser Tradition nicht untreu werden. Eure Gnade dürft ihr euch getrost in den Hintern schieben."

„Was ist denn mit dir los?", fragte Thomas.

Ich fiel vom Glauben ab. Da beleidigte mich dieser Arsch und keiner außer mir schien das mitzubekommen. Ich richtete noch einmal das Wort an den Typ, der mich angesprochen hatte.

„Ich verrate dir mal etwas ganz anderes über mich. Da wo ich herkomme, hättest du jetzt eine aufs Maul bekommen. Gehabt euch wohl. Thomas, nichts für ungut, eure Gesinnung passt mir nicht." Ich verließ das hochherrschaftliche Anwesen und die über das einfache Volk erhabenen Bewohner.

Musste ich mich wegen der Frage der Herkunft von so einem Arschloch anpissen lassen? Ich Depp. Warum nahm ich nicht die Zeichen, die der Idiot, mit dem Hinweis auf das fehlende Abitur, mir schon am Anfang gegeben hatte, und trat ihm nicht gleich in den Arsch? Musste ich immer erst Beweise haben für das, was ich schon hätte ahnen können?

Klar. Freunde sagten mir hinterher, dass sie das Gleiche getan hätten. Natürlich hätten die sofort gewusst, wo sie da hinein geraten wären. Wie blöd ich eigentlich sei. Ich gab mich den Zweifeln nicht lange hin und verbuchte das Gewesene unter der Rubrik probiert, kapiert. Ich wollte nicht wissen, was für exotische Vögel das waren und was die an Futter benötigten. Immerhin hatte ich nun etwas über eine Welt kennengelernt, von der ich bis dahin nichts wusste.

Auf diese Welt - wie sie die Bourgeoisie sah - sollte ich noch einmal treffen. Das ahnte ich aber zu diesem Zeitpunkt noch nicht.

Nach wie vor fühlte ich mich in meiner kleinen Straße wohl. Da war alles, was ich brauchte. In einer Nacht, als ich schon schlief, kam Mike und forderte mich auf, mit ihm eine gesellige Runde in einem der Zimmer auf meinem Flur zu besuchen. Dort wohnten vornehmlich die Mädels aus der Bar vom Ende der Straße.

„Komm! Das musst du dir angucken, das ist lustig."

Ich zog mich an und ging mit. In einem großen Zimmer saßen da etwa fünfzehn Kerle und etwa fünf Mädels. Die Kerle waren samt und sonders nackt und die Mädels halbwegs angezogen.

Mike war dabei, sich zu entkleiden.

„Komm James, zieh dich aus. Mach einfach mit!"

Ich wäre ja für manches zu haben gewesen und hatte auch schon einmal Gruppensex, aber was ich da sah, unterschied sich von allem, was ich bisher gesehen hatte.

Zwei der Männer erhoben sich – alle saßen in einer Runde auf Stühlen – und begaben sich in die Mitte des Raumes. Zwei andere, die wohl bis dahin in der Mitte standen, hatten feuerrote Ärsche.

„Los James, mach hin. Zieh dich aus."

„Ich glaube, du spinnst. Ich zieh mich doch hier nicht aus."

Zwei der Mädels lachten. Die kannten mich schon nackt, aber das wusste keiner.

Die beiden in der Mitte kamen zur Sache. Jetzt erklärten sich auch die roten Ärsche. Da drehte sich einer um den anderen, um auf diese Weise dem Gegner mit der flachen Hand einen Schlag auf das Hinterteil versetzen zu können. Wie das aussah! Zwei Primaten schlugen sich die Ärsche rot und hüpften und sprangen wie Äffchen umeinander her. Bei jedem Treffer grölte das ganze Zimmer und hatte tierischen Spaß. Flaschen mit Wodka wie Joints herumgereicht und nach jeder erfolgreichen Attacke durfte getrunken werden.

Ich ging schlafen.

Noch einige Monate fuhr ich täglich zum Studium, aber es machte mir immer weniger Spaß. Klar, als Sozialarbeiter würde ich mehr verdienen. Für die Arbeit als Erzieher wäre ich allerdings sozusagen überqualifiziert.

Eine anschließende Tätigkeit in einem Amt oder einer Verwaltung konnte ich mir auch nicht vorstellen. Ich musste praktisch arbeiten. Ich musste tun, was ich konnte und nicht etwas lernen, was ich nicht wollte. Eigentlich war die Entscheidung, das Studium abzubrechen, reif.

Einige Monate noch. Dann wollte ich es beenden, wenn mich nicht noch etwas von dieser Entscheidung abbringen würde. Ich wollte die Gelegenheit nutzen, noch etwas Zeit nur für mich und den Hund zu haben. Der musste ja auch erzogen werden. Ich weiß nicht genau, wie ich das geschafft hatte, aber Boris lief ohne Leine mit mir, egal ob in der Stadt oder auf dem Lande. Es reichte, wenn ich ihm zuflüsterte: „Steh."

Dann blieb er auch im größten Verkehr, etwa auf einer Verkehrsinsel, stehen. Ein geflüstertes „Lauf", reichte, um ihn dann wieder in Bewegung zu versetzen. Ich konnte ihm ebenso ohne Leine vor einem Geschäft „Platz" flüstern und er blieb liegen, bis ich wieder kam. Diese drei Wörter waren alles, was es brauchte. Das war jedes Mal - auch für Beobachter - phänomenal.

Ich wüsste nicht, dass ich ihm etwa beigebracht hätte, von Fremden nichts anzunehmen. Er tat es einfach nicht.

Was er hasste, war Alkohol. Mit Fahne hatte man bei ihm keine Chance. Da drehte er sich einfach weg und man wurde von ihm ignoriert. Leider hatte er die Angewohnheit, auch Leute zu begrüßen, die ich nicht unbedingt mochte. Das konnte ich ihm nicht abgewöhnen. Er hatte halt seinen eigenen Geschmack. Zu meinen Freundinnen verhielt er sich wie ein perfekter Gentleman. Wenn ihn mal eine an der Leine führen durfte, was sehr selten vorkam, verzichtete er darauf, zu ziehen oder zu zerren. Es kam auch mir zugute, wenn die Mädels an dem Hund Freude hatten. Da konnte ich ihm nur danken.

Auch gut ...

Wie das Leben so war, gab es immer Veränderungen, wenn man nicht damit rechnete. Die Kneipe unter mir wurde zugemacht und das Haus sollte renoviert werden. Am Ende der Straße gab es direkt gegenüber der Bar eine Wohngemeinschaft, die ich schon längere Zeit kannte. Dort wohnten vier Mädels und eine war ausgezogen. Ob ich nicht Lust hätte, dort ein Zimmer zu nehmen? Klar, ich würde nicht nur, sondern tat es auch.

Drei Frauen. Etwas Neues. Ich brauchte praktisch nur etwa dreißig Häuser weiterzuziehen. Gleich im Erdgeschoß lag die Fünfzimmerwohnung. Eine schöne Wohnküche, vier Räume und ein großes Wohnzimmer. Das Bad musste ich mir mit den Mädels teilen. Den gynäkologischen Stuhl und das Solarium – ich wollte ja keinen erschrecken – musste ich erst einmal woanders einkellern, sonst passte alles in mein Zimmer. Eines der Mädels arbeitete in der Bar, die sich nach meinem Wohnwechsel nun genau gegenüber befand.

Wer ist hier verrückt ...

Ich beendete mein Studium, in dem ich mich einfach für die Vorlesungen nicht mehr eintrug. Ich bekam die Exmatrikulation und war raus.

In einer Jugendpsychiatrie, in der Nähe meiner Gräfin, bekam ich eine Anstellung. Das passte ungefähr zu der Situation in der Wohngemeinschaft. Ich möchte mal vorsichtig sagen, da ging es recht unkonventionell zu.

Meinen gewohnten Takt – mit mir und meinem Hund allein – konnte ich hinten anstellen. Täglich kam Besuch. Das nach oben aufklappbare, französische Doppelbett von Elke füllte sich in einem Abstand von drei, vier Wochen regelmäßig mit selbst angebautem Marihuana oder Haschisch. Genau wusste ich nicht, was das war. Ich rauchte nichts davon. Dazu war ich zu sehr auf meine fünf Sinne angewiesen.

Irgendwo da draußen gab es eine Plantage und die speiste das Lager in dem Bett. Getrocknet wurde das Zeug im Backofen. Im Wohnzimmer waren die rauchenden Personen manchmal nur schemenhaft zu erkennen, bis endlich ein Fenster aufging. Eigentlich hätten die Bewohner der Straße die Rauchschwaden sehen müssen, die da entlassen wurden, aber es gab nie eine Reklamation. Wenn es mir zu viel wurde, rettete ich mich mit Boris in mein Zimmer.

Elke war, wie gesagt, mit einem Farbigen zusammen, die zweite Bewohnerin Marion war mit einem Schreiner liiert und das Mädel aus der Bar hatte mal diesen, mal jenen an ihrer Seite. Ganz sicher war ich nicht prüde, deswegen rannte ich aber noch lange nicht ständig nackt in der Wohnung herum. Den Mädels schien das egal zu sein. Es schien sie auch nicht zu stören, dass ich nach gewisser Zeit ihre körperlichen Vor- und Nachteile teilweise besser beurteilen konnte, als ihre Freunde das hätten tun können. Der eine wusste lange nicht, dass sein Schätzchen einen Leberfleck unter der linken Arschfalte hatte. Den Intimschmuck von Marion kannte ich, noch bevor ihr Angebeteter ihn wahrnahm. Das Erste, was ich morgens sah, waren nackte Brüste, die auf mich zukamen und das Letzte am Abend nackte Hintern, die in ihren Zimmern verschwanden.

In der Großstadt, in der ich die Fachschule besucht hatte, wohnte Hennig, mein Freund aus dem Lehrlingswohnheim, in dieser Zeit ebenso in einer Wohngemeinschaft. Die Villa nannte sich sinnigerweise Sodom. In der Villa Sodom konnte man schon mal über ein Liebespärchen stürzen, das sich gerade seiner Ekstase hingab.

„Du, ich hoffe, wir stören dich nicht, du."

„Ne, du."

Die Arbeit in der Jugendpsychiatrie hatte, bis auf die organisatorischen Abläufe, wenig mit dem zu tun, was ich bislang kannte.

Alle Türen musste man hinter sich versperren und – vor allem in der ersten Zeit – rechnete ich dauernd damit, dass irgendetwas Bedrohliches passieren könnte. Es musste ja einen weiteren Grund haben, alle Türen abzuschließen, außer demjenigen, dass jemand abhauen wollte. Es passierte natürlich nichts, außer einigen ungewöhnlichen Begebenheiten.

So ging ich im Winter mal aus dem Haus und hörte eine Stimme.

Ich dachte schon, ich spinne. Da war nur ein Flüstern, das ich mir einbildete, zu hören.

„Komm, mein Süßer."

Erst mal sah ich nichts.

„Komm, ich mach's dir."

Mir blieb fast das Herz stehen.

Da hörte ich die Stimme, sah aber niemanden.

„Da vorne, unter dem Baum!", schrie plötzlich jemand.

Ein riesiger Kerl mit Vollbart, gefolgt von einem kleinen dicklichen Typ, schritt energisch auf mich zu. Was für ein Bild! Nun rutschte mir das Herz ganz in die Hose.

Die beiden hatten gesehen, was ich noch am Suchen war. Sie sahen die Quelle, aus der die Stimme kam. Jetzt sah ich sie auch. Unter dem Baum stand im Halbdunkel eine Frau. Sie hatte bis auf eine Unterhose nichts an.

„Die ist uns abgehauen. Lass dich nicht erschrecken, das macht die immer so."

„Ihr habt mich genauso erschreckt. Nicht nur die Frau."

Nun wurde die Frau unter Protest von den beiden abgeführt.

Die Jugendpsychiatrie war eine eigenständige Einrichtung, die aber, auf einem großen Gelände, der Erwachsenenpsychiatrie angegliedert war. Von dort stammte die Frau.

In meiner Gruppe hatten wir einen Sechzehnjährigen, der eine absonderliche Obsession pflegte. Freitags ging es auch hier zum Baden. Der Junge war kräftig und körperlich gesund, aber Autist. Seine Leidenschaft lernte ich kennen, als er gerade in der Wanne saß. Ohne erkennbaren Grund sprang er plötzlich aus der Wanne, als hätte ihn etwas gestochen.

Er raste in meine Richtung und rannte mich fast um. Ich konnte gerade noch ausweichen. Das Ziel seiner überraschenden Aktion war eine dicke Motte, die in der Ecke eines Badezimmerfensters vor sich hin flatterte. Die ergriff er, und – oh Graus - steckte sie sich in den Mund. Fein zerkaut musste die wohl gut schmecken, denn er biss ein paarmal auf ihr herum. Dann verschluckte er sie samt und sonders. Mir wurde schlecht. Der Junge ging ungerührt zurück zur Wanne und setzte sich wieder hinein. Dort spielte er dann noch ein bisschen mit seiner Seife.

Da gab es noch ein Mädchen, so im Alter von zehn oder elf. Eigentlich sah sie ganz gesund aus, eine Krankheit war nicht zu erkennen. Mit ihr ging ich ab und zu spazieren. Ich musste bei ihr höllisch aufpassen, weil sie Kippen auf der Straße auflas und sich in den Mund stopfte.

Dann kaute sie die schnell durch und schluckte sie runter, noch bevor sie jemand daran hätte hindern können. Einmal wurde ich bei dem Versuch, sie davon abzuhalten, von ihr gebissen. Der Biss hatte eine schmerzhafte Entzündung zur Folge. Ich wusste nun, was ich nicht tun durfte. Mein Blick galt wie der ihre nun der Straße, auf der wir liefen. Wenn ich schneller war, konnte ich sie festhalten und die Kippe wegräumen. Wenn nicht, hatte sie in jedem Fall gewonnen und es war einmal mehr zu spät, sie zu hindern.

Dem einen seine Motten, waren der anderen ihre Kippen. Wir hatten einen autistischen Jungen, dem wir einen Helm aufsetzen mussten, damit er sich den Kopf nicht an der Tischkante oder der Wand verletzte. Er hatte den Drang, sich den Kopf an Möbelkanten und Wänden aufzuschlagen. Ansonsten saß er einfach den ganzen Tag herum und wackelte mit dem Oberkörper, als bemühte er sich, sich ins seelische Gleichgewicht zu schaukeln.

Seine Welt lag im Dunkeln und um sich überhaupt zu spüren, musste er sich wohl den Schädel anschlagen. Er tat mir sehr leid, aber das konnte ihm auch nichts helfen. Leider. Wir konnten nur aufpassen, dass er sich nicht selbst wehtat.

An einem Morgen wurde ich wach, als das Mädel aus der Bar im Spagat über mir auf meinem Bett stand. Sie hatte nichts an. Gut, das hatte ich auch nicht, aber ich stand ja auch nicht breitbeinig über jemandem. Ich nahm an, sie wäre high.

„Was tust du da?"

Sie bewegte sich in der Hüfte. Das wiederum verfehlte eine gewisse Wirkung bei mir nicht. Sie riss mir die Decke weg.

„Ein Mann ist nicht unbedingt geil, nur weil er einen Ständer hat", versuchte ich zu erklären.

Sie wollte sich auf mich setzen.

„Nie ohne Gummi."

Den hatte sie dabei und wedelte damit herum.

Sie wollte etwas ganz Bestimmtes.

„Sag was zu mir."

„Was soll ich dir sagen?"

„Du musst schweinische Sachen zu mir sagen, das macht mich heiß."

Das hatte ich auch noch nicht.

„Was soll ich sagen?"

„Dreckige Nutte oder so."

„Ich glaube, du spinnst."

„Ja, weiter so."

„So habe ich das nicht gemeint. Geh von meinem Bett runter, es reicht."

Mein Ding hatte sich da schon wieder verabschiedet. Sie machte mich sauer.

Noch stand sie da und bewegte sich aufreizend.

„Wenn du jetzt nicht gehst, haue ich dir eine. Mach dich weg."

Nun beugte sie sich über mich und versuchte mich mit ihren langen Haaren im Gesicht zu kitzeln. Ich knallte ihr eine. Die Ohrfeige war nicht wirklich fest, aber es tat mir im selben Moment leid. Als hätte ich ihr was richtig Gutes getan, sank sie neben mir auf das Bett. Ohne einen Kommentar streifte sie mir das Gummi über ...

Manchmal war ich im Zweifel, wo die Psychiatrie war. Außerhalb oder innerhalb der Mauern. An einem der Abende, als ich nach Hause gehen wollte, sah ich den Pfleger wieder, der damals die Frau unter dem Baum eingefangen hatte. Der war stockbesoffen.

Da hing sein Auto über einem Felsblock, der als Parkplatz-begrenzung diente. Sein Oberkörper lag über der Kühlerhaube und er war am Kotzen. Das war abends so um zehn, nach meinem Spätdienst. Ich half ihm auf die Füße.

„Wo wohnst du?"

„Gleich da vorne, in dem flachen Bau."

Da waren Wohnungen für die Angestellten der Erwachsenenpsychiatrie. Da half ich ihm dann hin.

„Wo kamst du denn her?"

„Wieso?"

„Na, du kamst doch von irgendwo her."

„Ich wollte wegfahren. Ich war bis eben arbeiten."

Ich begriff nicht ganz.

„Wo hast du denn getrunken?"

„Na, ein paar Bierchen auf der Arbeit. Hast du damit ein Problem?"

„Ne, ich ja wohl weniger", antwortete ich wahrheitsgemäß.

„Wo wolltest du denn hin?"

„In eine Disco oder so."

Ich hatte verstanden. Der Mann begegnete mir noch einige Male besoffen. Ich wunderte mich nur deshalb, weil etliche Leute des-wegen in Therapie hier oben waren und sich deren Pfleger regelmäßig zu besaufen schien.

Die Arbeit bot ständig irgendwelche kuriosen Geschichten. Man musste nur schauen, dass man dabei selbst noch gesund blieb. Es war die Zeit, in der sehr erfolgreich ein Film im Kino lief. Einer flog über das Kuckucksnest, mit Jack Nicholson und einem riesigen Indi-aner, die beide aus einer psychiatrischen Anstalt fliehen wollen.

Auch politisch wurden Lösungen gesucht, Anstalten zu öffnen. Das betraf auch die geschlossenen Kinder- und Jugendheime.

Tatsächlich fragte sich manch einer, wer wohl verrückter sei.

Die da drinnen oder die da draußen. Das war natürlich schwierig zu beurteilen, nachdem man sich Jahrhunderte mit so einer Frage nicht beschäftigt hatte. Allein, dass man sich darum bemühte, war schon schön zu sehen.

Etwas Beschaulicheres und Ruhigeres wie ein Erlebnis, das sich an diesem Tag zutragen sollte, war mir in meinem Leben noch nicht passiert. Das Erlebte war kurz, aber für mein Leben äußerst eindrücklich.

Mit meinem Hund ging ich an einem Herbsttag eine Allee entlang. Die Sonne schien und gedankenverloren kickte ich immer mal ein paar der Blätter oder Kastanien vor mir her. Boris lief ebenso entspannt neben mir. Es gab nichts, was mich hätte beunruhigen müssen oder mir Kopfzerbrechen bereitet hätte. Nun, da wir so vor uns hin schritten und ich völlig mit mir und der Welt im Reinen war, wurde mein Blick von der wunderschönen Jugendstilfassade eines Gebäudes angezogen.

Drumherum ein parkähnliches Gelände. Sehr schön. Das Ganze wurde umgrenzt von einer sehr langen Bruchsteinmauer, an der wir entlang gingen.

Etwa zwanzig Meter vor uns kam eine große, schwere ältere Dame aus der Einfriedung des Grundstücks. Es war Sonntagmorgen und es gab nur uns und nun diese Frau. Sie hatte einen braunen Mantel an und eine braune Ledertasche, die als Handtasche eigentlich viel zu groß war.

Mein Blick fiel wieder auf das Haus und dort stand auf einer Tafel: Altersresidenz. Aha, ein Altersheim. Warum fiel mir meine Omi in der Einfahrt ein, als ich diese Frau sah? Mir gefiel der Gedanke, die Omi wiedersehen zu können. Ja, diese Frau hätte es durchaus sein können, wie sie uns so entgegen kam. Nichts trübte das Bild dieses beschaulichen Moments. Auf der Höhe eines Baumes – nur ein oder zwei Meter von uns entfernt – machte sie einen

Schritt nach links und lehnte sich gegen ihn. Sie sank am Stamm herunter und saß nun an ihn gelehnt auf dem Boden. Ihre Tasche hielt sie mit beiden Armen so vor sich, wie wohl ein Kind seine Puppe festhalten würde. Ich merkte, dass sie in Gedanken an einem ganz anderen Ort war, obwohl sie mich anschaute.

Dieses Bild, wie die Frau sanft und sacht an dem Stamm herunter glitt und mich gedankenverloren nicht aus den Augen ließ, werde ich nie vergessen. Es war, als würden wir kommunizieren.

Ich wusste plötzlich, was sich hier ereignete.

„Boris, sitz", flüsterte ich ihm zu.

Mein Hund saß neben mir und gegenüber saß diese Frau. Ich ging langsam in die Hocke aus Angst, ich könnte sie mit einer hastigen Bewegung erschrecken.

Ich war das Letzte, was diese Frau sah, wenn sie mich überhaupt wahrgenommen hatte. Auf gleicher Augenhöhe holte sie noch einmal tief Luft. Das war ihr letzter Atemzug. Sie war vor meinen Augen gestorben. Es gab nichts für sie zu tun. Sie hatte ihren Seelenfrieden gefunden und irgendwie übertrug sich dieses Gefühl auf mich.

Was blieb, war ein durchdringendes Gefühl der Ruhe. Fast ein Moment von Ewigkeit. Sehr heilig. Ich stand auf.

„Boris, komm."

Hinter mir kam ein junges Pärchen, das der toten Frau ansichtig wurde. Ich hörte aufgeregtes Geschrei und hörte es wieder nicht. Ich setzte den Spaziergang noch eine ganze Weile fort. Gerne hätte ich diesen Moment noch lange festgehalten. Vergessen werde ich ihn nie.

Die Ausbildung zum Gestalttherapeuten ging weiter. Diese Wochenenden waren meine Highlights. Für mich war das Erholung pur.

Da hatte ich Vollpension, es gab die Therapiestunden, die immer etwas Neues boten und die Leute waren meist sehr nett. Alle wollten etwas lernen und meinten es gut mit sich, mit mir und dem Rest der Welt. Manchmal fühlte ich mich so gut und einige Erlebnisse gingen so tief, dass mir der Abschied nach diesen zwei Tagen wehtat.

Diese erfüllten Seminarwochenenden waren nicht immer leicht, aber sie machten mir Freude. Sie taten meiner Seele gut. Sie halfen mir, mich zu erinnern, dass es noch eine innere Welt gab, die ich manchmal vernachlässigte.

Zu meinem dreiundzwanzigsten Geburtstag besuchten mich die Gräfin und ihre Freundin in unserer Wohngemeinschaft. Ich bat Elke und die beiden anderen Mädels, ausnahmsweise mal den Rhythmus zu wechseln und die Wohnung für den Besuch zu präparieren. Das taten sie und ich half kräftig mit. Die Gräfinnen konnten kommen.

Die Bude blitzte und blinkte. Es roch nach Kaffee und Kuchen. Elke hatte sich – das war wohl ironisch gemeint – eine Schürze umgebunden. So hatte ich sie noch nie gesehen.

Das alles fand das Wohlwollen der alten Damen und besonders Elke wurde tüchtig gelobt für ihre hausfraulichen Fähigkeiten.

„James, sei froh, dass dir so eine mütterliche Person zur Seite steht. Dabei ist sie ja noch so jung."

Da könne ja nichts schiefgehen, war die einhellige Meinung.

Sie schenkten mir eine sehr schöne Dokumentenmappe aus Leder, die ich immer noch habe. Bei wichtigen Terminen glänze ich noch heute damit. Es war das erste Mal, dass ich ein richtiges Geburtstagsfest gefeiert habe.

Der Wunsch nach Veränderung wurde konkret. Ich kündigte die Arbeit, das Zimmer in der Wohngemeinschaft und zog in ein Weinstädtchen.

Lotte ...

Die Bewerbung in einem Kinderheim in der Nähe lief. Bis dahin nahm ich eine Stelle als Getränkefahrer an. In dem Ort hatte ich ein Zimmer, eine kleine Küche und ein schönes Bad. Ein Balkon hätte wenig Sinn gehabt, weil direkt hinter dem Haus eine Bahnlinie und direkt vor dem Haus die Hauptstraße durch den Ort liefen. Die Vermieter hatten einen irischen Setter. Ein sehr schönes Tier.

Mit meinem und deren Hund – der durch ein Augenleiden fast blind war – fuhren wir oft in ihren Garten. Boris wurde für den anderen fast zum Blindenführer.

Der Getränkehandel bot mir eine neue Erfahrung. Die Schlepperei der Fässer und Kisten war keine leichte Sache. Die Kelleröffnungen der meisten Kneipen und Hotels waren ziemlich klein, da es sich vornehmlich um steinalte Häuser ohne moderne Einlässe handelte. Mit langem Arm, an dem die Getränkelieferungen sorgsam in die Keller hinunter gelassen werden mussten, kam es nicht selten zu den komischsten Verrenkungen, bis alles abgeladen war. Vor allem die Unterarme schwollen dabei mächtig an. Da half aller Sport nicht. Das tat einfach nur weh. Nichtsdestotrotz machte ich das fast drei Monate.

Für das Wochenende wurde mir ein Job als eine Art Reiseführer auf einem Schiff angeboten, auf dem ich den Touristen die Sehenswürdigkeiten entlang des Flusses erklären sollte. Das Gehalt als Getränkefahrer war nicht sehr üppig, sodass ich auch diese Arbeit annahm.

Nun sah ich durch meinen Umzug, wer sich mit mir befreundet fühlte und wer nicht. Die Freunde besuchten mich regelmäßig und umgekehrt. Die anderen blieben weg. Ich hatte immer Spaß, wenn jemand kam. Der Fred, manchmal ein Mädel und jene, die ich noch kennenlernen sollte. Einer davon hieß Karl. Karl arbeitete mit Fred – der inzwischen die Ausbildung zum Pfleger gemacht hatte – in einem Altenheim. Das war etwa hundert Kilometer entfernt. Wie ich mich so den Touristen auf dem Schiff zuwendete, sah ich sie.

„Ja, da staunt ihr, zu was ich hier aufgestiegen bin, nicht wahr?"

„Ja klar, du bist ein super Touristenführer", frotzelten die beiden herum.

„Die Hauptsache ist, dass es euch gefallen hat."

„Was machst du mit dem Hund, wenn du arbeitest?"

„Der sitzt beim Getränkeliefern im Führerhaus. Im Schiff sitzt er beim Kapitän, wo er doch hingehört, oder?"

„Ja, ganz klar."

„Kommt, wir gehen was trinken."

In dem Ort gab es schöne kleine Plätzchen, auf denen man bestens entspannen und etwas trinken konnte.

Vor allem war das Städtchen schön weit weg von allem Trubel, der mich bislang begleitet hatte. Ich war halt doch ein Kind vom Lande. Mit einer Fähre über den Fluss konnte ich in kurzer Zeit die Gräfin besuchen. Das tat ich nun häufiger. Die Zeit war unbeschwert und manchmal hatte ich viel zu lachen. Selbst die körperliche Arbeit tat mir gut, wenngleich sich einmal die gesamte Getränkeladung samt Fässern und Kisten einen Abhang hinunter verabschiedete, als ich eine Steigung etwas zu dynamisch angefahren hatte.

Der Wirt auf dem Berg bekam an diesem Tag nicht mal mehr einen Strohhalm geliefert. Heinz – so hieß er – gab mir einen Kaffee aus. Der hatte im Ort noch eine Jazzkneipe, in die ich ab und zu ging. Dort stand auch ein Flipper, dem wir uns regelmäßig widmeten.

Jahre später tauschte ich mal einige Öldrucke gegen eine aus-
gestopfte Schildkröte bei ihm ein. Die taufte ich Eleonore. Sie steht
noch heute in meinem Wohnzimmer.

Nach drei Monaten bekam ich einen Termin für mein
Bewerbungsgespräch in dem Kinderheim, in dem ich mich beworben hatte. Allein die Fahrt machte schon Spaß. Im Heim fand ein
Gespräch mit dem Heimleiter statt, der sich als recht unkonventionell erwies. Ein freundlicher runder Mann, etwa von der Art,
wie der Pfarrer in dem Heim für Körperbehinderte. Der war mir
gleich sympathisch. Nun wurde ich der Gruppenleiterin vorgestellt.
Ein durchaus ansehnliches Mädel mit einem gewissen Charme.
Braune Haare, leicht mandelförmig geschwungene Augen und
schlank. Sie ging mir etwa bis zum Kinn. Während sie mir noch
engagiert den Tagesablauf beschrieb, die Zimmer zeigte und die
Organisation erklärte, schien mir das alles wie hundertmal gehört
und gesehen. Ich gedachte - wohl aus reinem Übermut - sie ein
wenig zu verwirren. Ich spitzte dazu fast unmerklich die Lippen, als
wolle ich zu einem Kuss ansetzen. In gewissem Abstand sah sie
meinen Mund sich in dieser Art - wie ein kleines Zucken - bewegen.
Ich hätte in die Hosen machen können, wie ich sah, dass sie ihre
Rede immer mal unterbrach, um zu kontrollieren, ob sie da eine
Bewegung sah oder nicht. Natürlich zuckte ich weiter und gedachte
das so lange zu tun, wie sie mir diese langweiligen Dinge erzählen
würde.

„Kann es sein, dass du ein nervöses Leiden hast?"

„Wieso nervöses Leiden? Es gibt nichts, worunter ich zu leiden
hätte."

Das war die lustigste Bewerbung, die ich je hatte.

„Oh, Entschuldigung, ich dachte nur, ich hätte da an deinem
Mund etwas gesehen."

166

Ich hätte mich gerne gebogen vor Lachen, musste aber ernst bleiben.

„Du kannst mir gerne sagen, wenn dir etwas nicht an mir gefällt. Ich bin schon einmal wegen so etwas angesprochen worden", log ich sie an.

„Nein, nein. Es ist nichts. Wann möchtest du anfangen?"

„Von mir aus gleich."

„Okay, dann sehen wir uns morgen und ich stelle dir die anderen Mitarbeiter vor."

„Darauf freue ich mich."

Für ihre warmen Worte bekam sie ein etwas ausgeprägtes Lippenspitzen.

„Da! Da war es wieder. Jetzt habe ich es genau gesehen."

„Was denn?" Bei der Frage zeigte sich mein nervöses Leiden dann richtig heftig. Nun sah es wirklich so aus, als wolle ich jemand küssen.

„Willst du mich veräppeln?"

Sie hatte es erfasst.

„Entschuldige, ich wollte mir nur einen kleinen Spaß erlauben. Kam das wirklich echt rüber?"

„Zumindest bin ich drauf reingefallen. Mach das nur nicht wieder mit mir."

Wir mussten beide heftig lachen.

„Ehrensache. Bis morgen."

Das Mädel gefiel mir und ich freute mich auf sie und die anderen Mitarbeiter. Sie hieß Lotte.

Sie lachte, als sie mich am nächsten Tag begrüßte und ich ließ meine Lippen da, wo sie hingehörten.

Da gab es den Bernd - Sohn eines Winzers - und Horst, der als angehender Lehrer ein Praktikum in dem Kinderheim absolvierte. Wir vier sollten also zusammenarbeiten und so wurde ich auch den

Kindern vorgestellt. Die waren zwischen dreizehn und fünfzehn. Acht an der Zahl. Die Gruppenstärke war nicht übertrieben. Vier Erzieher im Wechsel mit einem Springer. Unser Gruppenhaus lag zwischen weiteren fünf Häusern. Vor unserem Haus sah es trist aus und der Rasen war völlig zertreten, aber das konnte man richten. Morgens waren die Kinder in der Schule und so ab eins kamen sie zum Essen heim. In der Frühe wurden die üblichen organisatorischen Geschäfte erledigt. Die Putzfrau ging durch die Räume und wir brachten die Schmutzwäsche in die Wäscherei, ordneten die Dinge für den restlichen Tagesablauf mit den Jungen oder besprachen Maßnahmen für den einen oder anderen.

Am ersten Tag schaute ich mir erst einmal an, wer zur Gruppe gehörte und wie sich das Miteinander gestaltete.

Am Abend lud mich Lotte zu sich in die Wohnung ein, die sie im Dachgeschoß gemietet hatte. Nach zwei, drei Gläsern Bier – neben uns ertönte *Wish you were here* von Deep Purple – vergoss Lotte ihr Glas über den Plattenspieler. Die Nadel kratzte über die Platte und das Lied ging in einem ordentlichen Schluck unter.

„Oh, Entschuldigung, das war dumm."

Ich fand das alles ganz amüsant.

„Wish you were here, mit oder ohne Bier", sagte ich zu ihr.

Wir lachten.

Ich konnte nicht sagen, dass ich schon einmal Liebe auf den ersten Blick erlebt hätte. Ich glaube auch nicht, dass dies bei Lotte der Fall war, aber wir kamen noch am gleichen Abend zur Sache. Völlig unkompliziert und wie selbstverständlich. Nichts davor und nichts dahinter.

Ungewöhnlich war die Eröffnung, die Lotte mir am nächsten Tag machte. Sie war mit Horst verlobt und hatte nun Gewissensbisse wegen unserer Nacht.

„Du musst es ihm ja nicht erzählen", sagte ich.

Nun sah ich mir natürlich den Horst näher an. Der war ein bisschen größer als ich und sah ganz gut aus. Er hatte eine sehr ruhige, kultivierte Art mit den Kindern und uns umzugehen. Ein sehr netter junger Mann. Der Traum jeder Schwiegermutter. Ich fand ihn sympathisch, und ob er es nun verdient hatte, dass Lotte ihn betrog, wusste ich nicht zu beurteilen.

„Wie soll ich die Sache Horst erklären?", fragte mich Lotte.

„Ist doch ganz einfach. Er stellt sich von dir und eurer Beziehung doch etwas vor. Loyalität, Aufrichtigkeit, dass du ihn liebst und nie betrügst und so. Einfach alles, was du dir auch von ihm wünschst. Oder nicht?"

Sie schüttelte den Kopf.

„Eher nicht."

Nun erklärte sie, wie enttäuscht ihre Eltern sein würden. Die Hochzeit sei geplant und selbst mit den Eltern von Horst wäre bereits alles arrangiert.

„Geh doch einfach in die Offensive."

„Das sagt sich so leicht."

„Das ist leicht, du musst es nur tun."

Irgendwann musste sie mit Horst gesprochen haben, denn er zog in der Form Konsequenz, dass er sich im Kinderheim nicht mehr sehen ließ. Wir bekamen einen neuen Mitarbeiter, der Kurt hieß.

Mit den Kindern gab es kaum Probleme. Um einen kümmerte ich mich etwas intensiver, da er nach den Wochenenden zu Hause ständig entlaust werden musste. Er hieß Franz und besuchte die neunte Klasse der Volksschule. Die Eltern wohnten in einer Obdachlosensiedlung einer größeren Stadt, unweit unseres Heims. In der Schule hinkte Franz hinterher. Die Läuse, die Franz ständig mitbrachte, gingen mir auf den Keks und trugen nicht zu seinem Seelenheil bei.

Mit Franz besuchte ich dessen Familie. Gott, was für ein Gelände. Das Gras war so zertreten wie vor unserem Haus im Kinderheim.

Nur fand das auf der gesamten Fläche um die Flachbauten statt, die da zuhauf herumstanden und aussahen, als seien sie direkt nach dem Krieg verlassen worden. Franz stellte mich seinen Eltern vor. In einem Zimmer schliefen sechs Kinder in drei Doppelbetten.

Es stank regelrecht. Die Küche war versifft und das Wohnzimmer trug sogar noch ein paar Reste von mehreren Tapetenschichten. Es war ganz offensichtlich, woran es hier mangelte. Der Zustand der Behausung war schlicht erbarmungswürdig. Ein Wunder, dass er nur Läuse mitbrachte. Mich juckte der Kopf.

Nach dem Wochenende holte ich ihn wieder ab und sprach mit den Eltern. Ob ich wohl mal mit Farbe und Tapeten vorbeikommen dürfe und mir einer helfen könne, die Wohnung zu renovieren.

Großzügig erhielt ich Erlaubnis, mich in der Wohnung zu betätigen.

Die Wohnung war nach einigen Wochenenden von Grund auf renoviert. Der Vater und die Geschwister hatten tüchtig mitgeholfen. Es gab sogar einen neuen Linoleumboden. Dafür gab es natürlich eine riesige Belohnung. Die bestand darin, dass Franz keine Läuse mehr mitbrachte, so sehr wir ihn auch danach absuchten. Das hatte Auswirkung auf seine Schulleistung. Der beste Erzieher war in diesem Fall ein Maler.

Franz hielt sich für doof. Dem konnte ich Abhilfe leisten. Darin hatte ich ja schon Übung. Immer schön regelmäßig und nacheinander alles tun, was nötig war. Alles einem festen Rhythmus anpassen. Beharrlich auf die Leistung von Franz drängen. Und Schwupps! Was hatten wir? Franz hielt das Versetzungszeugnis zur zehnten Klasse in der Hand. Mei, da war jemand stolz! Ich war nicht minder stolz auf ihn und das ließ ich ihn auch wissen.

Nachdem ich ihm angeboten hatte, ihn zu Hause nach dem Wochenende abzuholen, gingen wir mit all seinen Geschwistern in der Stadt Eis essen. Ich wollte sie wissen lassen, dass sie diesen Genuss Franz zu verdanken hatten. Er wurde entsprechend gelobt und ich glaube, auch das hob seine Stellung in der Familie ein wenig.

Unterhalb des Heimgeländes gab es ein kleines Wäldchen. Dort holten wir uns junge Bäume und einige größere, die wir gerade noch tragen konnten. Wir pflanzten sie vor unserem Haus ein, auf dass sie wachsen und gedeihen sollten. Den Rest des Grundstücks schoben wir glatt und säten ihn ein.

Vor Jahren war ich noch einmal da. Die Bäume waren allesamt angewachsen und stehen noch heute. Sie wurden zum Bestandteil des Heimes. Wer hat schon einen kleinen Wald direkt vor der Haustüre?

Lotte und ich hatten viel Spaß. Sie wollte immer mal etwas über mich erfahren, aber das blockte ich meistens ab. Ich war der Überzeugung, dass es nichts zur Sache tat, wenn sie wüsste, wo ich herkam oder wie ich gelebt hatte. Ich verstand mich mit ihr gut, so wie es gerade kam. Was nutzten da alte Geschichten?

Die Scham über das unsägliche Ende ihrer Beziehung zu Horst hatte ihre Beziehung zu den Eltern wohl zu sehr belastet, sodass sie einfach nicht mehr zu ihnen gefahren war. Nun sollte es aber wieder soweit sein.

„Fährst du mit?"

„Lotte, ich bin derjenige, der deine Beziehung mit Horst gekillt hat. Dir mögen deine Eltern noch verzeihen. Für mich wird es keine Gnade geben. Wissen die überhaupt etwas von mir?"

„Natürlich. Ich habe meinem Vater von dir erzählt."

Oha, das konnte heiter werden. Unerschrocken wie ich nun mal war, fuhren wir dem Unbekannten entgegen.

Sie wohnten in einem restaurierten, mittelalterlichen Gebäude, das ein bisschen wie ein kleines Schlösschen über der Straße thronte. In rotem Sandstein gebaut. Eine steile Treppe führte zum Haus hinauf und daneben lag, nicht einsehbar, ein Garten mit einem Seitengebäude. Alles war schön angelegt. Oben machte die Mutter auf.

„Wen darf ich begrüßen?"

Ich stellte mich brav vor, obgleich sie sicher wusste, wen sie da begrüßen durfte.

„Du kannst dich ja schon einmal ins Wohnzimmer setzen, bis mein Vater kommt."

„Ein Aschenbecher steht auf dem Fensterbrett", sagte Lotte.

Ich tat, wie mir geheißen.

Altes Gemäuer, alte Möbel und unendliche Zinnteller, die wohl Zeugnis einer altherrschaftlichen und wohlhabenden Dynastie ablegen sollten. Ja, alles schien hier sehr gediegen und so saß ich rauchend in einem schönen alten Ledersessel, der meine Wenigkeit sicher nicht verdient hatte, wie ich aus der Küche daneben lautstark vernehmen konnte.

„Du meldest dich Monate lang nicht! Wir haben es bei dir doch nicht mit einem U-Boot zu tun, das wochenlang abtaucht. Dann kommst du auch noch mit einem Kerl daher, den kein Mensch kennt! Außerdem rieche ich bis hierher, dass der mir die Bude vollpafft! Was erlaubst du dir überhaupt?"

Das war doch mal interessant.

Lotte weckte mit ihrem Verhalten beim Vater die Assoziation an ein U-Boot. Ich war während der lautstarken Rede damit beschäftigt, den leicht muffigen Geruch des Hauses mit leckerem Zigarettenrauch zu neutralisieren. Auf eine Antwort von Lotte wartete er gar nicht erst, denn sogleich näherten sich energische Schritte dem Wohnzimmer.

In der Türe stand ein kleiner Mann, der mir bis zum Kinn reichte und der eine Brille mit sehr dicken Brillengläsern trug. Argwöhnisch wurde ich beäugt und ich stand, wie es sich geziemte, aus dem Sessel auf und reichte ihm die Hand.

„Darf ich mich vorstellen, ich heiße James."

Wenn dem überhaupt so war, dass er eben noch aufgeregt war, hatte er sich schnell beruhigt.

„Ich heiße Hold, guten Tag. Sie entschuldigen, wenn ich eben etwas laut war."

„Es ist Ihr Haus."

Dafür erntete ich einen intensiven Blick.

„Kommen Sie, es gibt Essen."

Ich kam. Ich wusste immer noch nicht, wie mich Lotte bei ihren Eltern eingeführt hatte. Wer war ich für die?

„So, Sie arbeiten also mit Lotte in dem Kinderheim." Das war mehr eine Feststellung, als eine Frage, also ließ ich ihn weiterreden.

„Wie haben Sie beide es denn so miteinander?"

Der Mann schien nicht blöde zu sein, die Frage war gut formuliert. Daraufhin hätte ich theoretisch meine ganze Lebensgeschichte erzählen können. Leider hatte ich genug Übung darin, meinen Freunden – in dem Fall der Freundin – eben nicht in den Rücken zu fallen. Ich spielte Lotte den Ball zu.

„Hat Ihnen Lotte denn gar nichts erzählt?"

Nun schauten alle erwartungsvoll meine Lotte an.

Ich musste lachen.

„Finden Sie das lustig?"

„Ja, das entbehrt nicht einer gewissen Komik."

Anscheinend wusste er nun immer noch nicht, was er gerne hätte wissen wollen, aber konkrete Fragen kamen während des Essens nicht mehr. Ich merkte wohl, dass der Mann innerlich kochte. Wir aßen fertig und verabschiedeten uns.

Eine Einladung für einen neuerlichen Besuch wurde von keinem ausgesprochen. Hier ging es also hart, aber herzlich zur Sache. Mit Lotte sprach ich nur kurz noch einmal darüber und sie fand, dass mich ihr Vater doch recht freundlich empfangen hatte. Oha, wie sollte das wohl werden, wenn er sich einmal unfreundlich zeigen würde?

Mit Lotte und Boris besuchte ich die einzige Freundin, die sie zu haben schien. Ein sehr schönes blondes Mädel vom Lande. Bodenständig. Ihr Freund studierte. Beide gefielen mir. Trotz ihrer Jugendlichkeit – die waren auch etwa Mitte zwanzig – schienen sie sehr erwachsen. Es machte mir immer Spaß, die beiden zu treffen. Zeig mir deine Freunde und ich sage dir, wer du bist. Aus der Beziehung zu den beiden schloss ich auf eine gesunde Wesensart meiner Freundin. So gefiel sie mir noch ein ganzes Stück besser. Sie machte Pläne für einen Umzug in meine Wohnung. Boris würde sich sicher auch freuen.

Kaffee und Kuchen ...

Unser Mitarbeiter Kurt nahm mich mal mit zu sich nach Hause. Warum er nur mit seiner Oma zusammenlebte, erfuhr ich nicht. Das blieb sein Geheimnis. Ich fragte auch nicht danach, wenn er nicht selbst davon erzählen wollte.

Kurt gehörte einem etwas kriegerisch angehauchten Motorradklub an, der immer wieder mal Feste bei Mitgliedern oder in einer Kneipe organisierte. Der Chef war ein großer Kerl, der den Haufen gut im Griff hatte. Den Chef lernte ich etwas besser kennen, als ich mal mit Kurt bei ihm zu Hause war. Der lebte auch mit seiner Oma. Ich fragte nichts. Es gab – von der Oma serviert – Kaffee und Kuchen.

Seltsam. Abends schlugen die Kerle sich gegenseitig oder mit anderen Kerlen herum und hier saßen sie wie die Rentner bei Kaffee und Kuchen. Die Rocker und ihre Omas. Wehe, es hätte einer einen Kaffeefleck auf der Spitzentischdecke der Oma hinterlassen. Dann hätte es sicher mit den ausreichend im Raum vorhandenen Baseballschlägern eins über die Rübe gegeben. Diese Art von Spagat leuchtete mir nun gar nicht ein. Ich fragte nicht, was ich davon zu halten hatte, aber bei dem Gedanken daran musste ich grinsen.

„Was findest du so lustig?"

„Ach, ich habe mich nur gerade gefreut, wie harmonisch es mit euch sein kann."

„Ach so."

Der Chef hieß Robert. Kurt machte sich ihm gegenüber klein und er warnte mich vor dessen Kraft und Autorität. Das fand ich lächerlich. Ich hatte schon eine Menge wilde Kerle kennengelernt und die meisten waren sogar nett, wenn sie sich mal erlaubten, ihre Masken abzunehmen. Offensichtlich hatte ich Roberts Gnade. Nach dem zweiten oder dritten Besuch bei ihm erhielt ich eine Einladung.

„James, du kannst auf meinem Bock am Wochenende zu einem Treffen mitkommen, wenn du möchtest."

Warum nicht?

„Ich komme mit, aber ich fahre mit dem Auto, das ist mir lieber."

„Von mir aus. Der Kurt weiß ja, wo."

Oma räumte den Tisch ab und wir gingen. Das Wochenende mit Robert, Kurt und ihrem Klub begann in einem Ort in der Nähe.

Eine Kneipe war der Treffpunkt. Ich musste ehrlich gestehen, dass ich einigermaßen erschüttert war, wie die sich benahmen. Ab dem Moment, wo sich die etwa vierzig oder fünfzig Burschen in der Kneipe versammelt hatten, schien diese ihnen zu gehören. Einige gingen ungefragt hinter die Theke und bedienten sich. Der Wirt knurrte zwar kurz, aber einer der Typen tippte sich bedeutungsvoll mit einem Totschläger - für den Wirt sichtbar - auf die Handfläche. Das war Zeichen genug. Der Wirt war danach nicht mehr zu sehen.

Mit zunehmendem Alkoholpegel wurde das Gegröle lauter, die Stimmung aggressiver. Kurt schrie herum.

„Wir haben einen neuen Prospekt, der wird heute eingeführt!"

Damit zeigte er auf mich. Mir rutschte das Herz in die Hose.

„Was soll das heißen? Ich glaub, du spinnst!"

Ich erkannte den Kurt nicht mehr wieder.

„Nix da, du bist jetzt dabei."

Der blöde Hund riss an mir herum, um mich den anderen vorzustellen. Bis dahin war ich eigentlich froh, mehr oder weniger unbemerkt still an dem Treiben teilzuhaben und dass ich in Ruhe gelassen wurde. Ich riss mich von ihm los.

„Scheiß drauf, ich bin kein Prospekt oder wie immer das auch heißt!"

Jetzt wurde Kurt energisch. Er ließ nicht ab, mich in die Mitte des Raumes zu ziehen.

An der Seite seines Gürtels hatte er ein großes Jagdmesser stecken, vor dem mir einigermaßen bange war. Damit wollte ich auf keinen Fall Bekanntschaft machen. Der Kerl schien mir mental auf jeden Fall nicht mehr da zu Hause zu sein, wo ich ihn bis dahin vermutet hatte. Neben der Theke hatte die Gruppe einen großen Topf mit Erbsensuppe heiß gemacht, die dort vor sich hin dampfte. Ich griff nach dem Messer und stieß Kurt in Richtung Theke. Das Messer warf ich in die Suppe.

„Da kannst du dir dein Messer holen, du Arschloch!"

Kurt sprang mich an und wir rollten auf dem Boden herum. Nun wurde es um uns herum richtig laut. Anfeuerungsrufe, Flüche und Drohungen. Ein Veilchen konnte ich Kurt noch verpassen, obwohl ich unten lag. Mit seinem Knie stieß er mir derb in die Rippen und versuchte mich zu würgen.

Noch bevor er so richtig energisch werden konnte, riss ihn Robert von mir herunter und stellte ihn vor sich auf die Beine. Das kam gerade rechtzeitig. Große Chancen hätte ich mir nicht ausrechnen können, den Laden gesund zu verlassen. Robert richtete das Wort an ihn.

„Du hast hier überhaupt niemand zu rekrutieren, merk dir das. Ich bin der Boss. Ist das klar?"

„Ja, ist klar", sagte Kurt kleinlaut.

„Du weißt, was jetzt kommt. Mach dich fertig." Was Robert damit meinte, zeigte sich Minuten später. Er wies noch auf drei andere, die zu wissen schienen, was auf sie zukommen sollte. Die Auserwählten setzten sich nebeneinander an einem Tisch in Position. Robert saß nun den vier Beteiligten gegenüber. Ich dachte, ich sehe nicht richtig. Es ging um Fingerhakeln!

Das tat mir schon beim Gedanken daran weh, ohne dass ich wissen konnte, was nun folgen würde. Robert hielt dem Kurt seine Pranke entgegen. Der hakte sich mit dem Mittelfinger bei Robert ein und – knack! – Kurts Mittelfinger war gebrochen. Es war mucksmäuschenstill. Der nächste – knack! So ging es der Reihe nach. Da saßen vier gebrochene Mittelfinger und bemühten sich, die Anzeichen ihres Schmerzes zu unterdrücken. Wie verrückt war denn das?

Die eigentliche Härte kam aber noch. Die Aspiranten durften nun an den Zapfhahn und mussten jeder einen Literkrug – mit dem gebrochenen Finger haltend – bis oben hin auffüllen.

Den Schmerz konnte man ihnen ansehen, aber es gelang ihnen so leidlich, die Aufgabe zu erfüllen. Nachdem die Krüge voll waren, ging die Musik wieder an und die Zecherei nahm ihren gewohnten Lauf. Robert holte das Messer aus der Suppe und warf es Kurt vor die Füße.

„Mach das nie mehr."

Der hatte nun ein blaues Auge und einen gebrochenen Mittelfinger, der mächtig angeschwollen war und würde es wohl nie mehr tun.

Was auch immer Kurt nun überhaupt noch hätte tun können oder nicht, interessierte mich nun weniger. Zum Trinken war ich nicht gekommen und so konnte ich im Morgengrauen müde – und mich noch immer über all das wundernd – in mein Bett pflanzen.

Auf die folgenden Einladungen verzichtete ich. Kurt leistete Abbitte. Es fiel mir nicht schwer, ihm zu verzeihen. Mir war ja außer dem kleinen Kulturschock und einer Rippenprellung nichts passiert.

Bevor Lotte bei mir einzog, war ich ein langes Wochenende auf einem stillgelegten Bauernhof, den einige vermögende Familien gepachtet hatten, um dort ihre Wochenenden zu verbringen. Einige davon kannte ich ganz gut.

Da waren ein Speditionsunternehmer mit Frau und Tochter, ein Restaurator mit Freundin und ein Arzt mit Frau und Tochter. Mir wurde das Angebot gemacht, dort gratis zu wohnen und dafür die Tiere während der Woche zu füttern. Das Angebot war attraktiv, lief aber mit meinen und Lottes Plänen über Kreuz. Ich fragte Fred, ob er nicht Lust hätte, mit seiner Freundin dort einzuziehen. Beide waren hellauf begeistert und ich stellte sie den Wochenend-landwirten vor.

Fred und Heidi waren nun Gutshofbewohner und mussten nicht einmal etwas zahlen.

Dazu sollte ich erwähnen, dass Boris Vater von fünf bild-hübschen Welpen geworden war und das spielte sich folgender-maßen ab. Eines Mittags an einem Sonntag lief ich in der Landeshauptstadt eine Prachtstraße entlang, in der vornehmlich Antiquitätenhändler, Kneipen oder Restaurants der High Society angesiedelt waren. Für unsereins unbezahlbar, aber schön zum Spazieren laufen. Der Besitzer einer dieser Edelabfüllereien hatte ein ganz süßes Boxerweibchen.

Der Zufall wollte es, dass sie gerade heiß und Boris von ihr angetan war. Der Natur war es geschuldet, dass er sie besprang. Nun entwickelte sich ein kleines Drama. Der Kneipier wurde des Vorganges ansichtig und beschimpfte mich, wie ich zulassen könne, seine reinrassige Hündin mit so einem Köter zusammen zu lassen und so weiter. Meinen Boris als Köter zu verunglimpfen, also so was! Ich wies auf die reinrassige Mischung meines Hundes hin, aber das machte ihm keinen Eindruck. Nun kam erschwerend hinzu, dass sein Weibchen einen Scheidenkrampf bekam - was bei Hunden nicht ungewöhnlich war - und Boris mit seinem Ding nicht aus ihr herauskam. So liefen die beiden die komplette Straße hinunter und wir hinterher.

Andere Wirte, ebenso des Umstandes ansichtig geworden, holten nun kaltes Wasser und schütteten das über die Hunde in der Hoffnung, die Verkrampfung würde sich so lösen.

Dem Wirt mit dem Boxerweibchen war die Sache sichtlich peinlich. Mit hochrotem Kopf lief er planlos den Hunden folgend die Straße hinauf und wieder herunter. Als Kind vom Lande hatte ich so etwas schon gesehen. Meist löste sich die Geschichte von selbst. Jeder hatte einen anderen Vorschlag, wie das Problem zu beheben wäre. Das war ein munteres Treiben.

Ich habe mich selten so amüsiert wie an diesem Tag. Als jemand mit einer Nadel antanzte, die er dem völlig gestressten Hunde-weibchen in den Hintern stechen wollte, schritt ich ein. Ich machte das Einfachste der Welt. Ich ergriff – er möge mir verzeihen – das Ding von Boris und zog es mit einem Ruck heraus. Beide Hunde ließen nur ein kurzes Quietschen vernehmen, dann waren sie befreit. Boris kam mit irritiertem, etwas dümmlichem Blick zu mir und das Boxerweibchen verdrückte sich bei seinem Herrchen.

Mann, der Kneipier konnte sich aber auch aufregen!

Ich nahm ihn seitlich an den Schultern und drückte ihn an mich.

„So schlimm wird es schon nicht werden. Komm, beruhige dich, das gibt superschöne Hunde."

Er schaute mich an, als wollte er mich fressen. Was ich erst viel später erfuhr war, dass er dazu mühelos in der Lage gewesen wäre, wenn er nur gewollt hätte. Der, dem ich so viel Anteilname wiederfahren ließ, hatte den schwarzen Gürtel in Karate und bil-dete Sicherheitsleute in dieser Kampfkunst aus. Er galt als leicht reizbar …

Sicher hätte ich ihn nicht ganz so respektlos an mich gedrückt, wenn ich davon auch nur den Hauch einer Ahnung gehabt hätte.

Nun ging es darum, wie wir uns als Hundeeltern um unsere

Hunde-Enkel kümmern wollten. Zumindest war das mein Ansinnen, dem er zunächst heftig widersprach. Da war von einer Dreitagespille für Hunde die Rede, von Abtreibung und anderen grausigen Ideen. Wir verzogen uns in seine Kneipe und ich redete mit Engelszungen auf ihn ein. Am Schluss kraulte er Boris hinter den Ohren und er gab uns einen Sekt aus, um die Vaterschaft zu begießen. Ich versprach ihm, mindestens einen Hund zu übernehmen. Das wurde der Hund von Fred und der hieß fortan Fritz. Die anderen – so erzählte mir der Wirt – waren schnell untergebracht.

Mit dem Fritz und der Heidi zog Fred auf den Hof. Fritz wurde noch größer als Boris und der war schon nicht klein.

Durch Fred und seinen Arbeitskollegen Karl aus dem Altersheim lernte ich ein paar Orte weiter die Mitarbeiter einiger Privatkliniken kennen. In eine dieser Kliniken hatte Fred gewechselt, nachdem er in den Gutshof gezogen war. Die meisten waren in unserem Alter, Mitte zwanzig.

Auf meinem Weg zur Gräfin besuchte ich ihn immer wieder. Seine Freundin Heidi war klein und schmal gebaut. Sie reichte Fred etwa bis zur Schulter und war eher introvertiert. Im Wesentlichen kümmerte sie sich um die Tiere.

Fritz, der Hund, haute ständig ab und manchmal vergingen Tage, bis er sich wieder sehen ließ. Etliche Pfleger und Pflegerinnen, der Karl und ich schenkten dem Fred und der Heidi einen Esel. Den tauften sie Adamo. Adamo war ein zotteliger, eigensinniger Bock, der sich kaum bändigen ließ. So lange er jung war, merkten wir davon allerdings noch nichts. Doch nach der Geschlechtsreife sprang er dann über Zäune, wohl auf der Suche nach seinem Liebesglück. Alle paar Wochen bekam Fred eine Rechnung über irgendwelche Hammel, die Adamo zwar beglückt, die seine Leidenschaft aber nicht überlebt hatten.

Aus der Not eine Tugend machend, sollten an einem Wochenende zwei Hammel geschlachtet und gegrillt werden. Das war ein Wochenende, an dem die Hauptpächter des Gutes nicht zugegen sein würden.

Lotte fuhr zu ihren Eltern, sodass ich mitfeiern würde. Die Hammel waren geschlachtet und ausgenommen und wurden im Stall an zwei Leitern aufgehängt, um sie am nächsten Tag ihrer Bestimmung zuführen zu können. So war das zumindest gedacht. Am Freitagabend tranken wir einen ordentlichen Stiefel.

Etliche Pfleger und Pflegerinnen feierten mit uns in den Samstag hinein. Morgens so um neun wollten wir uns um die Hammel kümmern. Ich sah die Bescherung schon, als mir Fritz völlig ermattet und mit einem Bauch, der fast bis auf die Erde reichte, über den Hof entgegenkam. Ach du Scheiße! Hoffentlich war es nicht das, was ich vermutete.

„Boris!"

Hinter der Scheune kam mein Hund hervor. Sein Bauch berührte fast die Erde. Ich machte die Scheune auf.

An den Leitern hingen noch ein paar Fitzelchen Fleisch an den Knochen der ehemals so stolzen Hammel. Ich setzte mich vor der Scheune auf den Boden und betrachtete die Reste einer Hundemahlzeit. Von links und rechts kamen Fritz und Boris und leckten an mir herum, so als wollten sie sich bei mir für den Festschmaus bedanken.

„Fred!"

„Was ist?"

„Komm runter, das musst du sehen."

Fred traf fast der Schlag. Mit den Hunden zu schimpfen, hatte keinen Sinn mehr. Die hätten den Bezug zu den Hammeln nicht mehr herstellen können. Dazu hätten wir sie auf frischer Tat erwischen müssen. Das hatten wir verpennt. Die zwei mussten sich regelrecht in einem gegenseitigen Fressrausch aufgebaut haben, in dem einer dem anderen nichts gönnte. Ich habe Boris noch nie mit einem derart dicken Bauch gesehen.

Der hatte für mindestens zwei Tage genug. Fritz – ohnehin einiges größer – war zum Monsterhund mutiert. Was für ein Anblick! Beide schienen an ihrem neuen Gewicht sterben zu wollen. Sie bewegten sich kaum noch. Also fuhren wir zum Metzger, obwohl Adamo sicher in wenigen Tagen für Nachschub sorgen würde und kauften dort Wurst und Steaks für unser Grillfest. Halt das Übliche.

Was ganz und gar nicht üblich war, bezog sich auf die Trinkfreudigkeit des anwesenden Krankenhauspersonals. Insgesamt waren da etwa dreißig Leute. Zu später Stunde kam jemand auf die Idee, sich auszuziehen. Das schien die Eröffnung zum Tanz. Wenige Zeit später hatte keiner mehr etwas am Leib. Da hätte ich mir noch eine Sauna gewünscht. Im Haus war es warm und mit zunehmender Enthemmung kam es zum Äußersten. Am Ende wusste ich nur noch, dass ich es getan hatte und nicht mehr lokalisieren konnte, mit welcher. Was für eine Nacht!

Am nächsten Morgen hatte ich Kopfweh. Auf einem Trägerbalken über dem Wohnzimmer saßen zwei nackte Kerle.

„Wollt ihr noch Sekt?"

„Ja, das könnten wir uns doch mal langsam durch den Hals gehen lassen. Her damit."

Die Trinkerei ging also weiter. Die meisten sahen nach der Feier gar nicht mehr so frisch aus wie am Tag zuvor. Ich ging duschen. Da waren schon einige zu Gange. Egal.

Im Hof stand ich nach dem Duschen mit einem Handtuch um die Hüfte herum und wollte eigentlich nach den Bäuchen unserer Hunde sehen. Viel hatten die nicht abgenommen.

Ein Mädel kam auf mich zu, die auch nur ein Handtuch umgeschlungen hatte. Die sah richtig toll aus. Sie sprach mich an.

„Das war richtig gut."

Mit den Worten fand sich ihre Hand unter meinem Handtuch. Ich ließ sie gewähren.

„Was war richtig gut?"

„Das weißt du nicht mehr? Wir hatten es miteinander."

„Ach, ja? Hatten wir ein Kondom?"

„Soll ich es dir zeigen?"

Oh Mann. Unter meinem Handtuch kam es zum Äußersten und ich bekam weiche Knie.

„Das hast du nun davon."

Das Ergebnis lag sozusagen auf ihrer Hand.

„Jederzeit wieder", sagte sie und ging.

Nun ging ich grad nochmal duschen. Eigentlich war ich nicht fremdgegangen. Ich wusste ja nicht einmal, mit wem ich was gemacht hatte, bis sie sich mir so erfolgreich zu erkennen gegeben hatte. Ich hatte Lotte also nichts zu beichten.

Traditionen ...

„Ich habe mich mit meinen Eltern ausgesprochen. Wir sind zum Mittagessen eingeladen. Die Familie möchte dich offiziell kennenlernen."

„Wie darf ich das verstehen, deine Eltern kennen mich doch schon?"

„Ich habe noch drei Brüder, die sich dafür interessieren, mit wem ich zusammen bin und dann sind da noch einige Verwandte, die auch kommen wollen."

„Wir sind nicht einmal verlobt und ich habe nicht vor, zu heiraten. Das weißt du."

„Meine Eltern haben es gerne verbindlich. Mein Vater mag halt keine halben Sachen, aber das kannst du vielleicht nicht verstehen. Du hast ja keine Familie."

Wie ich solche Sätze hasste!

„Meine Familie sind die Freunde, die ich habe. Meine Heimat ist da, wo ich wohne. Die meisten Familien, die ich kenne, sind kaputt."

„Sieh das mal nicht so streng. Also, kommst du am Sonntag mit?"

Es würde sich für mich nichts ändern, wenn ich mitkäme. Wir waren etwa zwei Jahre zusammen und mir war wohl, so wie es lief. Ich mochte Lotte mehr als jede andere, die ich kennengelernt hatte. Das Leben mit ihr hatte eine Art von Selbstverständlichkeit, die ich so vorher nicht gekannt hatte. Sie war mir regelrecht ans Herz gewachsen. Es fiel mir nicht schwer, für sie Kompromisse zu machen, die ich sonst strikt abgelehnt hätte.

Also fuhren wir zu ihren Eltern, Geschwistern, Tanten, Onkels und zu wem auch immer. Immer hinein ins Gewühl.

Auf dem Weg erzählte mir Lotte, dass der Vater im Bücher-zimmer des Hauses alle wichtigen Familienentscheidungen traf und die jeweilig Beteiligten dort zum Gespräch lud. Das sollte wohl der zarte Hinweis sein, dass es etwas zu besprechen gäbe. Nun, solange er nicht anfangen würde, mit einem Säbel – etwa aus einer schla-genden Verbindung – zu rasseln, sollte es mir gleich sein. Da halfen alle Überlegungen nichts. Natürlich wollte ich ihre Eltern respek-tieren. Augen zu und durch. Wir kamen bei Familie Hold an. Die Begrüßung kam mir nach dem ersten Treffen verdächtig freundlich vor.

„Ah, das ist ja der Freund von Lotte", sprach die Mutter.

„Guten Tag."

In dem Wohnzimmer war eine längere Tafel gedeckt. Hm, etwa zwanzig Personen. Ein ganz schön großer Haufen Leute. Was ging hier ab? Ein Konzept konnte ich nicht machen, außer freundlich zu bleiben.

„James", sprach mich der Vater an, „kommen Sie bitte mit mir in mein Bücherzimmer?"

„Ich folge Ihnen."

Im Bücherzimmer wies er mir einen Platz zu. Er war Notar und hatte drei Söhne und eine Tochter. Er war sicher den Umgang – selbst mit schwieriger Klientel – gewohnt und war dem zufolge gewiss in der freien Rede geübt. Das war etwas, das ich noch hätte trainieren müssen. Also versuchte ich mich auf das Zuhören zu beschränken. Und was ich da zu hören bekam!

Nach über einer Stunde wusste ich, dass Lottes Brüder allesamt Rechtsanwälte waren. Zwei davon strebten ein Notariatsbüro an.

Einer der Brüder des Vaters war Landrat, der andere Chefre-dakteur einer sehr bekannten Zeitung. Einem anderen Verwandten gehörte eine große Handelskette. Kein Wort über die menschliche Seite der Herren. Die Damen wurden auch nicht erwähnt.

Wahrscheinlich hatten die alle arm eingeheiratet, sonst hätte er sicher ihren Stand und die Herkunft gepriesen.

Hochzeiten, Beerdigungen sowie Taufen der katholischen Familie fanden ausschließlich in der Schlosskirche des Ortes statt. Soweit war ich erst einmal umfassend informiert und erfuhr auf diesem Weg indirekt sogar, wo ich mal heiraten würde.

In meinem Nacken gab es so kleine Härchen, die sich vergeblich versuchten aufzurichten. Den Widerstand meines Hemdkragens überwanden sie nicht. Der wurde scheinbar immer enger.

Dann kam er endlich zum Punkt.

„In unserer Familie wird es nicht gern gesehen, dass Lotte in einer Art wilder Ehe lebt. Ich würde also eher eine Heirat ins Auge fassen, selbst auf die Gefahr hin, dass die Ehe nicht lange hält. Alles andere läuft der Ehre der Familie zuwider. Was halten Sie davon?"

„Ich habe nicht vor zu heiraten. Mit Lotte habe ich darüber schon gesprochen. Ich wüsste nicht, dass ihre Wünsche in diese Richtung gehen."

So, jetzt wusste er es.

„Vielleicht können Sie sich mit dem Gedanken an eine Heirat ja noch anfreunden. Zunächst möchte ich Sie einfach nur der Familie vorstellen. Sind Sie damit einverstanden?"

Abzulehnen war gar nicht möglich.

„Wissen Sie, ich möchte hier keine Zusagen machen, die ich nicht mit Lotte besprochen habe. Das können wir zwei in diesem Zimmer nicht aushandeln. Ich sage das, ohne Ihnen nahe treten zu wollen." Ich gedachte mit diesem Statement meinen Standpunkt unmissverständlich dargelegt zu haben.

„Ich denke wir sind uns einig", ließ er sich noch leicht nebulös vernehmen.

Wir verließen das Bücherzimmer und betraten das Wohnzimmer,

in dem die lange Tafel stand. Dort saßen wie aufgereiht die engsten Familienmitglieder und Anverwandten. Nun wusste ich nicht genau, wie zu verfahren war, und lief einfach alle ab und stellte mich vor.

Ich zählte selbstverständlich nicht mit, aber es waren dreiundzwanzig Leute, denen ich aus einem mir unerfindlichen Grunde die Hand schüttelte und lächelte, bis sich meine Gesichtsmuskeln heftige Kämpfe lieferten. Das Essen verlief etwas steif, war aber sehr gut. Nachdem sich der Letzte mit seiner Serviette den Mund abgetupft hatte, stand Lottes Vater auf und erhob das Glas. Alle erhoben sich nun und starrten mich an.

Die schienen zu wissen, was kam. Herr Hold schaute mich an und streckte das Glas in meine Richtung.

„Wie verbleiben wir, junger Mann?"

Das verschlug mir nun wirklich die Sprache. Dieser Hund, dieser miese. Er wollte mich reinlegen, das war nun klar.

„Wie besprochen", antwortete ich. So, jetzt habe ich es dir gegeben! Das war aber nur meine Meinung. Weit gefehlt, er setzte noch einen drauf.

„Das ist das Wort eines Mannes!", erwiderte er.

Ich dachte, ich hörte nicht richtig.

Da keiner wusste, was wir in dem Bücherzimmer besprochen hatten, mussten die umstehenden Herrschaften nun annehmen, dass wir hier eine Verlobung beschlossenen hatten und folglich auch die Hochzeit. Wie blöd war ich eigentlich? Außer, dass ich stinksauer war, musste ich neidlos anerkennen, dass mich der alte Mann reingelegt hatte. Da half mir mein glorreiches „Wie besprochen" überhaupt nichts. Depp!

Mit Lotte würde ich noch ein Wörtchen zu reden haben.

Das Schuljahr ging zu Ende und Franz hatte seinen Schulabschluss. In unserer Gruppe blieben auch die anderen nicht sitzen.

„Franz, herzlichen Glückwunsch. Was willst du jetzt tun?"

„Ich weiß noch nicht."

„Wie wäre es mit der Mittleren Reife auf der Realschule?"

„Meinst du, das schaffe ich?"

„Ich werde dich so in den Arsch treten, dass du über die Ziellinie fliegst. Wenn du es nicht schaffst, hast du es wenigstens versucht. Du wirst dich ein Leben lang ärgern, wenn du es nicht wenigstens versucht hättest. Ich bin sicher, dass du das schaffst. Ich habe schon Dümmere gesehen, die sogar Abitur gemacht haben."

Tage später kam er mit dem Wunsch, die Schule weiter besuchen zu wollen. Ich wünschte ihm so sehr, dass es ihm gelingen möge. Die Bilder von der Obdachlosensiedlung fielen mir dabei wieder ein.

Mit Lotte war ich nun etwa drei Jahre zusammen. Ab und zu ging ich noch - ohne Lotte - zu den Festen auf dem Gutshof und traf mich auch immer mal mit Karl. Wir zockten dann in einer Kneipe oder gingen Flipper spielen. Inzwischen trank ich auch mal ein Bier oder mehrere. Dann übernachtete ich bei ihm. Einige Male traf ich mich auch mit Lotte und ihm. Karl mochte Lotte nicht sonderlich, aber das beruhte auf Gegenseitigkeit.

Zwischen dem Versuch, Lottes Familie und deren Ansinnen betreff einer Hochzeit zu entkommen, und mir meine gewohnte Freiheit zu erhalten, fanden in mir regelrechte Kämpfe statt. Halb zog es ihn, halb sank er hin, war so ein Spruch, der in der Zeit voll auf mich zutraf. Insgesamt war ich ihr doch so zugetan, dass ich am Schluss meinen Widerstand aufgab und ihr die Hochzeit zusagte, die sie sich so sehnlichst wünschte.

Dass Lotte ihrer Familie und vor allem dem Vater so intensiv ergeben war, störte mich ziemlich. Nachdem die Hochzeit beschlossen war, sollte ich an diesem innigen Kontakt teilhaben und mich in der Familie einfügen. Die Hochzeit betrachtete ich als Beweis meiner Zuneigung. Den Vorgang selbst wertete ich als formalen Akt. Ich ging nicht im Mindesten davon aus, dass sich dadurch an unserer Beziehung etwas ändern würde. Entscheidend war nur unsere ganz private Übereinkunft, das Leben miteinander teilen zu wollen. Da konnte Lottes Vater planen, was er wollte.

Ich hatte nicht vor, ein weiterer Teil seiner Inszenierung zu werden. Bei meinem Ja in der Kirche hatte ich Lotte gemeint und nicht etwa ihn. Nun brauchte ich einen wirksamen Plan, um der Tendenz, familiär einverleibt zu werden, entgegen zu rudern. Ich hatte nicht die mindeste Lust, der brave Schwiegersohn in dieser vom Vater durchnummerierten Welt der Erfolgreichen zu werden.

„Lotte, ich habe mir etwas überlegt. Ich habe bis jetzt allem zugestimmt, was dir wichtig ist. Ich liebe dich, aber du weißt, dass mir der Sinn bislang nicht nach Heirat stand. Nun habe ich auch einen Wunsch, den du mir bitte erfüllen möchtest.“

„Oh, du hast wohl wieder einen Plan?“

„Ja. Ich möchte, dass wir uns einen Job im Ausland suchen. Hier wird es mir zu eng. Lass uns zusammen etwas aufbauen. Vielleicht tut es dir auch ganz gut, wenn du nicht so dicht an deinen Eltern klebst. Was meinst du dazu?“

„James, das war eine lange Rede, das muss ich mir alles erst noch überlegen.“

Ich besuchte die Gräfin und sie wartete mit Neuigkeiten auf.

„Ich hatte letzte Woche Besuch von einem Pfarrer, der hier schon seit Jahren nicht mehr arbeitet. Du glaubst nicht, was der von mir wollte.“

„Was wollte der?“

„Was er wirklich wollte, musste ich mir zusammenreimen. Hast du Lotte von mir erzählt?“

„Selbstverständlich. Sie weiß von dir. Lotte wird dir gefallen.

190

Sie ist sehr nett."

„Das würde mich freuen."

Nun erzählte die Gräfin von diesem seltsamen Besuch des Pfarrers. Er sei zufällig in der Nähe gewesen und wollte bei der Gelegenheit einfach nur vorbeischauen. Ach, übrigens - ließ er so ganz nebenbei verlauten - habe er von einer anstehenden Hochzeit erfahren, deren Bräutigam sie sicherlich auch kenne.

Der Name der Gräfin sei gefallen und es nähme ihn doch Wunder, wie dieser, sonst nirgendwo bekannte James im Verhältnis zu ihr stünde. Ob sie wohl darauf eine Erklärung geben könne? Sie konnte.

Sollten diese mysteriösen Geschehnisse ihren Fortgang finden - so schlug die Gräfin mir vor - müssten wir einen Schlachtplan entwickeln, der dem entgegensteuern sollte. Das gefiel mir. Ich behielt die Sache für mich.

Es mangelte mir nicht an sogenannten Lebensgeistern. Die Inspiration kam durch alles, was ich kennenlernte. Es gab die Therapieausbildung - an der ich nach wie vor teilnahm - das Kinderheim, die Rocker, den Hof mit Fred, den Karl, die Obdachlosensiedlung, die Gräfin, den Hund und vor allem Lotte mit ihrem hintersinnigen Vater.

Nicht zu vergessen, was und wen ich vorher schon kennenlernen durfte. Von allem gab es durch die starken Kontraste genug Anleihen, die ich nehmen konnte. Jedes Ereignis forderte etwas anderes und es ging mir mal so, mal so. Insgesamt fühlte ich mich doch, trotz Irritationen oder Verunsicherungen, ganz wohl in meiner Haut und hatte sogar Unterstützung. Was sollte mir passieren?

Ich ging schon immer davon aus, dass nur höhere Gewalt die Lebensplanung wirklich über den Haufen werfen konnte. Dabei kam mir vor allem der Gedanke an Krankheit, Tod oder Krieg.

Ansonsten mochte einiges schief gehen, aber das konnte man

doch einigermaßen regeln. Im Großen und Ganzen erreichte ich – wie die meisten, die ich kennenlernte – fast alle gesteckten Ziele. Entscheidend war immer ein Plan. Ich hielt mir, so hatte ich es von Tante Jänicke gelernt, immer vor Augen, wie etwas gehen würde. Es nutzte mir wenig zu wissen, wie es nicht gehen konnte. Also vorwärts. Das Wesentlichste, was mir das Leben geben konnte, hatte ich ohnehin schon. Ich lebte! Der Rest war doch, außer der höheren Gewalt, völlig mir überlassen.

Neben der Hochzeitsplanung, die ich im Wesentlichen Lotte und ihren Eltern überließ, widmete ich mich der Arbeit und kümmerte mich um eine Arbeitsstelle im Ausland.

Lotte sollte sehen, dass ich es ernst meinte mit dem, was ich sagte. Unser Heimleiter hatte einen Freund in der Schweiz, der dort ein Lehrlingswohnheim leitete. Ein im modernen Stil gebautes Gebäude aus Beton, an einem Hang über einem See gelegen, das sich mit seinem hellen Grau von den grünen Wiesen und Wäldern abhob. Das sah gut aus. Wir bewarben uns in der sogenannten Zentralschweiz.

Ich freute mich schon. Einmal mehr durfte ich die Gastfreundschaft meiner zukünftigen Schwiegereltern genießen.

Lottes Mutter kochte verdammt gut. Das hatte sie echt drauf. Herr Hold kämpfte mit der Zuckerkrankheit und trank aus diesem Grund nur trockenen Weißwein. Der Krankheit hatte er die dicke Brille zu verdanken. Um jemanden richtig erkennen zu können, musste er sehr dicht an ihn heranrücken. Das wirkte oftmals sehr ulkig. Den Wein verdankte er einem kleinen Weingut, das ihm gehörte. Bei einem Gläschen mehr kam er über alte Zeiten ins Schwärmen. Der alten Burschenherrlichkeit. Er gehörte den Rotariern an, die sich der Wohltätigkeit verschrieben hatten. Ich denke, dass das Gedankengut nicht großartig von dem abwich, was auch andere elitäre Clubs unseres Landes so ausmachte. Wenngleich sie auch nicht so radikal waren wie etwa die schlagenden Verbindungen. Ich drang nicht so tief in die Materie ein, als dass ich hätte beurteilen können, was die Wohltätigkeit an sonstigem Gebaren gnädig verhüllte.

Genau dieses Unwissen machte mir in dieser Hinsicht wiederum einiges verdächtig. Aber solange ich die Fahne der Wohltätigkeit wehen sah, sollte es mir recht sein. Für unser Kinderheim gedachte ich den alten Herrn auf die Probe zu stellen. Ich sprach ihn auf massive Gartenmöbel für unseren frisch gepflanzten Wald an. Das würde dort noch fehlen. Ja, die Idee fand er sogar gut. Dazu musste Lotte einen Vortrag auf einem Treffen der Rotarier halten. Sie beschrieb die Einrichtung, lobte uns über den Klee und machte ihre Sache sehr gut.

Wochen später hatten wir, als einzige Gruppe im Heim, eine massive Sitzgruppe aus ganzen Baumstämmen. Die konnten wir das ganze Jahr draußen lassen. Sehr schön.

Natürlich kam Lottes Vater wieder auf die Hochzeit zu sprechen.

„James, ich muss Sie fragen, wen Sie zur Hochzeit einladen möchten. Wer ersetzt Ihnen denn die Familie?"

Das hatte er schön formuliert.

„Keiner ersetzt mir irgendetwas. Die ich kenne und als Freunde bezeichnen darf, sind meine Familie."

Die Gräfin hatte vorab darum gebeten, mich als ihren Großneffen auszugeben. Es gäbe uns die Möglichkeit, mich als ihr Familienmitglied darzustellen.

„Wenn der Herr die großbürgerliche Schiene fährt, kommen wir mal in der blaublütigen Art um die Ecke. Wir haben eine private Schlosskirche, in der alle Familienmitglieder ihre Taufen, Beerdigungen und Hochzeiten feiern. Der soll mal sehen, wo er mit seiner Kirche bleibt, die ihm nicht einmal gehört. Unsere Schlosskirche steht im Eigentum der Familie, der du angehörst. Dein Platz ist hier. Wenn er was anderes möchte, hat er dich gefälligst darum zu bitten. Seit wann lassen wir uns vorschreiben, wo wir was zu tun haben?"

Das war doch mal ein Statement.

„Was würdest du tun, wenn er sich einverstanden erklärte, die Hochzeit tatsächlich hier stattfinden zu lassen?"

Die Gräfin und ihre Freundin schütteten sich aus vor Lachen.

„Ja dann, mein Lieber, bereiten wir deine Hochzeit vor. Sag mir nur rechtzeitig Bescheid."

Also gab ich die wesentlichen Informationen an Lottes Vater weiter.

„Zu meinem engsten Familienkreis gehören mein ehemaliger Vormund, natürlich die Gräfin, als engste Anverwandte, und mein Lieblingserzieher, Herr Kister."

Das musste für ihn eine seltsame Mischung darstellen. Sein Gesichtsausdruck verriet manches. Mir gefielen die Gesten des Missfallens, die sein Gesicht ab und zu in knautschige Falten legte. Dann wusste ich, dass er angewidert war.

Ich war nicht auf der Welt, um so zu sein, wie er mich haben wollte. Nun gab ich ihm den Rest.

„Ich bin nicht sicher, ob die Gräfin für die Hochzeit und die Trauung mit einem anderen Ort, wie ihrem Schloss und der dazugehörigen Kirche einverstanden ist. Da sehe ich noch ein Problem."

Nun strafften sich seine Falten und das Gesicht wurde fast glatt.

„Wie ist denn das zu verstehen?"

„Ich muss mich diesbezüglich dem Willen meiner Großtante beugen. Wir haben eine Tradition aufrecht zu erhalten. Das darf man nicht schleifen lassen. Ich denke, das sehen Sie sicher ein."

Ich hätte gerne einen Fotoapparat und ein Tonband gehabt, um diese Szene aufzunehmen. Das war so ziemlich die kurioseste

194

Unterhaltung, die ich je geführt hatte. Fast tat er mir leid, aber weil die Gräfin mich kannte, hatte sie mir eingeimpft, nicht wankelmütig zu werden.

Der Mann sollte betteln und nicht befehlen.

„Darüber reden wir noch."

Mit dem Satz versuchte er seine Würde wiederzuerlangen. Es gelang ihm nicht wirklich.

Lotte kam in den Raum der Hütte im Garten und fragte, ob wir uns angeregt unterhalten hätten. Ja, sagte ich, ihr Vater sei sehr angeregt und unsere Unterhaltung äußerst ergiebig.

„Das kann man doch so sagen, nicht wahr?"

Der Mann war fix und fertig.

„Etwa so kann man das sagen", erwiderte er.

Wir fuhren wieder nach Hause. Boris hatte auf dem Rasen, beim Spiel mit Stöckchen, einige Rasenstücke über die Fläche verteilt. Das sah nicht wirklich gut aus. Ich musste lachen.

„Was ist denn, James?"

„Ich freue mich einfach nur."

Bei einem der letzten Besuche vor der Hochzeit bei Lottes Vater machte dieser mir ein Angebot, das in zweierlei Hinsicht etwas Neues für mich darstellte. Erstens warf er einen Köder nach mir und zweitens glaubte er, einen Dreh gefunden zu haben, Lotte in seiner Nähe behalten zu können. Der Aufhänger war die Therapie-ausbildung, die ich nach wie vor machte. „Ich kann Ihnen einen Job in einem privaten Krankenhaus anbieten. Sie verdienen dort das Dreifache, bekommen einen besseren Status und können sich etwas mehr leisten."

„Wie soll das gehen?"

„Ich habe bereits mit einem Freund gesprochen, der würde Sie als Psychologen einstellen."

„Ich bin kein Psychologe."

195

„Das weiß er. Der Titel Psychologe ist nicht geschützt. Mein Freund würde Sie einstellen."

„Ohne Bewerbung? Der kennt mich doch gar nicht."

„Ich habe ihm von Ihnen erzählt. Das reicht."

„Schuldet er Ihnen einen Gefallen?"

„Warum?"

„Das hört sich an wie bei der Mafia. Sie klingen wie der Pate."

„Ich glaube, Sie nehmen mich nicht ernst."

„Doch, das tue ich. Sie sollten von mir wissen, dass ich nicht käuflich bin."

„So habe ich das nicht gemeint."

„Ich aber."

Er lief rot an.

„Gut, dann hätten wir das ja besprochen."

„Genau."

Mit leicht zittriger Hand trank ich noch mein Glas Wein. Ich war sauer. Bleib ruhig.

Ein weiteres Jahr war vergangen. Franz schloss – wenn auch nicht mit Bestnoten – seine elfte Klasse ab. Zwischendurch war ich bei Fred auf dem Hof. Die Feste mit den Krankenhausangestellten wurden über Jahre zur festen Institution und manchmal nahm ich daran teil. Ab und zu besuchte ich den Karl. Der arbeitete noch immer an seiner alten Stelle, war aber nun mit einer Frau in einem kleinen Dorf liiert. Die hatte zwei kleine Töchter. Der Vater hatte sich davon gemacht. Karl hatte eine Frau und zwei Söhne, für die er tüchtig zahlen durfte. Er nahm das in stoischer Gelassenheit hin.

Ich besuchte mit Lotte die Gräfin und sie gefiel ihr. Somit hatten wir beide ihre Gnade.

Auch Herrn Heuss stellte ich Lotte vor. Wir unterhielten uns angeregt und schwitzten in seiner hauseigenen Sauna. Ihm gefiel

Lotte. Meinen alten Erzieher Kister informierte ich schriftlich. Der Hochzeit hätte nun nichts mehr im Wege gestanden, außer einem standesdünkelnden Herrn.

Mit der Gräfin beschloss ich, so lange unsere Planung mit der Schlosskirche aufrecht zu erhalten, bis der alte Mann seinen blöden Stolz vergaß und um einen Termin bei ihr ersuchte. Das sollte etwa drei Monate dauern, dann war es so weit. Er war geknackt. Er befahl nichts mehr, sondern bat um Verständnis für seine Wünsche. Das geschah witzigerweise im Bücherzimmer der Gräfin. Sie ließ sich erweichen. Die Gräfin gab ihm und seiner bürgerlichen Welt den Segen.

Sie versprach, ihm zusammen mit ihrer Freundin die Ehre zu geben, um bei dem freudigen Ereignis mit ihrer Anwesenheit zu glänzen. Einen kleinen Teil unserer Familie würde sie mitbringen. Und so geschah es dann auch.

Humor ...

Der ganze Monat Mai, in dem wir heirateten, war verregnet, bis auf die drei Tage, an denen wir die Hochzeit feierten.

Ich ließ es mir nicht nehmen, meinen Hochzeitsanzug, die Ehe-ringe und Lottes Brautkleid zu bezahlen. Die restlichen Dinge be-stritt Lottes Vater.

Der Polterabend bot eine ziemliche Überraschung.

Jemand hatte die Idee gehabt, Jugendliche aus den Heimen, in denen ich bislang gearbeitet hatte, in das Anwesen des Schwieger-vaters zu lotsen, um an dem Abend teilzunehmen. Nun waren, statt geplanter fünfzig bis sechzig Leute, annähernd zweihundert Per-sonen anwesend. Die gaben sich ausgiebig ihrer Feierlaune hin und vor dem Haus stapelten sich Scherben und sonstiges aus drei Trak-toranhängern. Gottlob hatte der Schwiegervater Leute angeheuert, die den ganzen Mist wegräumten. Mit Lotte machte ich mehr oder weniger nur symbolische Besenstriche über das Pflaster. Am nächsten Tag war alles wieder blitzblank.

In der Nacht verirrte sich mein Erzieher Kister - der alte Lüstling - besoffen, wie er es nach etlichen Mischungen immer war, in das Schlafzimmer der Schwiegermutter. Das gab ein Geschrei!

Da tauchte die Frau in ihrem Schlafkleid im Garten auf und ver-folgte händefuchtelnd den Kister. Der rannte - die Hände als Schutz über dem Kopf haltend - vor ihr her. Annähernd vierhundert Hände klatschten Applaus. Kurz danach war die Nachtruhe wieder herge-stellt und der Tag der Hochzeit war da.

Die Gräfin hielt Wort. Mit Freundin, einigen Baronessen und anderem Hofstaat gab sie der Feier einen gewissen Glanz, und der Schwiegervater stand nach der kirchlichen Trauung an einer Orgel, die er unter Tränen der Rührung tüchtig drehte.

Mein väterlicher Freund war natürlich auch da und rettete ein wenig unsere Ehre, die der Kister in so schamloser Weise in den Schmutz gezogen hatte. Wenigstens ein ernsthafter Mensch an meiner Seite.

In einem Hotel gab es ein Bankett und hinterher Kaffee und Kuchen.

Die Feier ging am Abend in eine Tanzveranstaltung über, an der mir Lotte eine Eröffnung der dritten Art machte.

„Siehst du den Mann mit den grauen Haaren an der Eingangstüre?"

„Klar, was ist mit dem?"

„Das ist der beste Freund meines Vaters. Der war früher mal Bürgermeister des Ortes."

Was sollte der beste Freund auch anderes sein, als Minimum Bürgermeister?

„Nun sag schon, was hat es mit ihm auf sich?"

„Der hat mich mit sechzehn in seinem Auto vergewaltigt."

Mir fiel der Bart aus dem Gesicht.

„Der hat was?"

„Du hast schon richtig gehört."

„Warum erzählst du mir das jetzt und nicht schon früher?"

Lotte hatte Tränen in den Augen und meine wurden rot vor Zorn.

„Ich hatte gehofft, er würde nicht kommen, aber jetzt will er uns wohl gratulieren, und ich möchte nicht, dass der mich küsst."

Das würde ich zu verhindern wissen. Tatsächlich kam der Kerl auf uns zu.

„Ah, da ist ja das glückliche Brautpaar."

Ich blieb neben Lotte stehen. Noch wusste ich nicht, was ich tun würde. Ich wusste nur, dass ich innerlich kochte. Wie er dann einen Schritt auf sie zu machte, um sie zu küssen, schob ich die Handfläche zwischen die beiden Münder. Er küsste nun unfreiwillig meinen Handrücken. Erschreckt wich er einen Meter zurück.

„Was soll denn das?"

Um einen Aufstand zu verhindern, zischte ich ihn regelrecht an.

„Das weißt du genau, du Drecksack. Du bist hier nicht in deinem Auto und Lotte ist nicht mehr sechzehn. Du weißt Bescheid?"

Dem Herrn Bürgermeister a. D. stieg die Röte den Hals hinauf ins Gesicht und da kam auch schon Lottes Vater.

„Ich sehe, ihr habt euch schon kennengelernt."

„Allerdings. Ihr Freund hat mich sogar geküsst."

Er schien zu merken, dass die Luft brannte. Er schaute ein wenig irritiert und empfahl sich kurzerhand. Sein Freund folgte ihm. Es war meiner guten Erziehung zu verdanken, dass ich dem Kerl keine geknallt hatte. Die Sache regte mich noch Jahre danach auf. Immer wenn ich daran dachte. In den Momenten bereute ich dann doch, es nicht getan zu haben.

„Lotte, glaubst du, dass dein Vater als bester Freund von ihm so etwas nicht weiß?"

„Keine Ahnung."

Der Abend war für mich gelaufen.

Als Brautpaar durften wir für unsere erste Nacht früher verschwinden als die anderen, was wir dann auch taten. Der nächste Tag war dann der Familie vorbehalten.

Herr Hold hatte im Obergeschoß noch ein Fernsehzimmer. Dort saß die erlauchte Verwandtschaft, von der mir im Bücherzimmer schon berichtet worden war. Allesamt sehr wichtige Persönlichkeiten. Fünf oder sechs drückten sich mit mir auf einem großen Sofa herum und die anderen saßen auf Stühlen daneben. Etwa zehn Leute. Einer legte eine Videokassette ein. Dort erschien eine Ansagerin, die eine englische Fernsehserie ansagte. Sie versuchte, dem geneigten Publikum den Inhalt der letzten Folgen dieser Serie näherzubringen, um den Anschluss an die kommende Folge zu erleichtern.

Nun tat sie sich leider etwas schwer mit dem englischen th, das eine gewisse Zungenfertigkeit erforderte. Sie verwechselte dann mal Schlips mit Schlipt oder brachte andere Versprecher in ihre etwas verunglückte Rede. Nach jedem Versprecher fing sie von vorne an, um ihren Vortrag wenigstens einmal fehlerfrei abliefern zu können.

Statt besser wurde es immer schlimmer.

Ich rutschte - die anderen schon nicht mehr wahrnehmend - während dieser Darbietung mit tränenüberströmtem Gesicht von der Couch auf die Erde und lachte mich kaputt. Neben der Tatsache, dass mir die arme Frau furchtbar leidtat, geriet der Vortrag derart ins Komische, dass ich mir das Lachen beim besten Willen nicht verkneifen konnte. Ich hatte keine andere Chance, als die Beherrschung sausen zu lassen. Es ging nicht anders. Ich hatte bereits Bauchschmerzen, als ich vom Fußboden aus zu den Herrschaften aufsah, neben denen ich bis eben noch gesessen hatte. Das Spektrum der Gesichtsausdrücke reichte von vorwurfsvoll bis bedauernd.

So sollte das zumindest bei mir ankommen. Tat es aber nicht. Ich sah förmlich, wie sie versuchten, ihre Gesichtszüge - ob meiner Zügellosigkeit -, nicht vollends entgleisen zu lassen. Bei einigen war bereits die Entrüstung im Gesicht ablesbar. Das brachte mich dann total aus der Fassung.

Mein Versuch, trotz dieser lächerlichen Vorstellung der Ansagerin wieder ernst zu werden, scheiterte. Ich wusste, ich hatte verloren. Die Erwartungen der Herrschaften über mir waren nicht zu erfüllen. Dann halt nicht! Ich lachte und lachte. Mich durch Bauchschmerzen krümmend, kroch ich in meinem teuren Nadelstreifenanzug die wenigen Meter bis zur Tür. Die Situation wurde

201

regelrecht grotesk. Den Riss im Rücken meiner Anzugjacke konnte ich akustisch noch vernehmen. Danach war es aus. Ein Griff nach oben zur Türklinke und ich entschwand den kritischen Blicken. Die sahen mich zuletzt von hinten. Nun konnte mir alles egal sein. Ich hatte keine Chance mehr. Das war nun kein Lachanfall mehr, sondern glich mehr und mehr einem hysterischen Anfall. Ich musste sitzen. Stehen tat einfach zu weh. Sorry.

So lernte ich Loriot und Evelin Hamann kennen. Die kannte ich vorher nicht. Für die seriöse Gesellschaft war ich nun Dank der beiden erledigt. Schlicht unten durch. Recht so! Etwas anderes hatte ich auch nicht verdient.

Danke, Loriot - ich liebe dich!

Unsere Hochzeitsreise machten wir in Frankreich. Die Provence wäre sehr schön gewesen, hätte die Sonne geschienen. Dem war aber leider nicht so. Vierzehn Tage Regen können eine nur wenige Tage junge Ehe ganz schön auf die Probe stellen, aber wir bestanden sie. Manchmal sah ich in der Nacht meiner Lotte beim Schlafen zu.

Am Morgen lag sie wie ein frischgebackenes, knuspriges Brötchen im Brotkörbchen. Hm, lecker. Ich brauchte sie nicht einmal mit Butter und Marmelade zu bestreichen, um sie mir schmecken zu lassen. Die Decke zurückschlagen, um die wohlige Wärme zu spüren, die sie ausstrahlte. Da wäre selbst die härteste Butter weich geworden. Und so schmolz auch ich dahin. Sie genoss es, mein Brötchen zu sein. Ich fühlte mich sehr, sehr wohl.

Andere Länder, andere Sitten ...

Nun stand mal wieder ein Abschied an. Die Schweiz wartete auf uns. Franz musste ohne mich weitermachen. Ich hörte später, dass er die Realschule erfolgreich absolviert hatte.

Unser Ziel lag bald vor uns, und schon beim Grenzübertritt konnten wir sehen, dass die Schweizer sich ordentlich auf uns vorbereitet hatten. Freundlicherweise hatten sie das Kürzel von Lotte – Abkürzung von Charlotte – auf alle in diesem Land zugelassen Fahrzeuge verewigt.

Überall war CH zu lesen.

Für so eine Aufmerksamkeit bleibt ihnen bis heute unser Dank geschuldet. Mehr konnten sie wirklich nicht für uns tun. Eine Gruppe von acht Lehrlingen sollte von uns betreut werden. Wir bezogen eine sehr schöne Wohnung im Haus, mit einer Terrasse, von der aus wir hinunter ins Tal, über einen riesigen See und dahinter auf Berge sehen konnten, die sogar im Sommer Schnee trugen. Der Anblick war überwältigend. Der Gruppenraum war in schlichtem Weiß gehalten, aber architektonisch raffiniert gemacht.

Zum Eingang hinein konnte man um ein paar Räume – etwa wie um ein Atrium – herumlaufen und landete wieder am Eingang. In den mittig angeordneten Räumen befanden sich die Toiletten und Duschen. Eine größere Nische beherbergte einen langen Tisch und dahinter schloss sich die Küche an. Auf der anderen Seite waren vier Zimmer mit jeweils zwei Einzelbetten für die Jugendlichen.

Die waren noch im Urlaub und wir bezogen unsere Wohnung und die Gruppenräume. In den ersten Tagen gab es nur uns und den Hausmeister, der uns die Schlüssel ausgehändigt hatte. Den Gruppenraum gedachte ich farbig zu gestalten und Lotte hatte schon Ideen für die übrige Dekoration. Wir strichen und es gefiel uns. Wir dekorierten und das gefiel uns. Neue Lampenschirme, Wandfarben, Geschirr statt der langweiligen Küchenbrettchen fürs Frühstück und schöne Tischdecken.

Und nachdem der Herr die Erde erschaffen hatte, sah er sich um und alles fand sein Wohlgefallen. Genau so erging es uns. Natürlich setzten wir voraus, dass es auch anderen gefallen würde. Einerseits war dem so, andererseits hätte die Maßnahme – so wurden wir informiert – den Dienstweg per Antrag an die Heimleitung erfordert, die wohl, nach vielen Jahren der Bearbeitung, sicher einen abschlägigen Bescheid zur Folge gehabt hätte. Die Sache selbst gefiel. Wir waren ab sofort die einzige Gruppe mit individueller Gestaltung.

Das weckte den Neid derer, die danach einen entsprechenden Antrag stellten und eine Ablehnung bekamen.

Die Jugendlichen selbst waren sehr nett, zuvorkommend und freundlich. Erzieher brauchten die nicht wirklich. Jemand, der um sie herum die Organisation betrieb, war völlig ausreichend. Hier gab es nichts zu erziehen. Am Samstagmittag um ein Uhr durften sie nach Hause. In unserer Gruppe hatten alle Eltern, und die besuchten sie am Wochenende. Vorher wurden die Zimmer gesäubert, der Gruppenraum und die Küche sauber gemacht. Danach standen sie an der Tür und warteten darauf, hinausgelassen zu werden.

„Wieso steht ihr immer vor der Tür?"

„Vor ein Uhr dürfen wir nicht raus."

„Das ist doch lächerlich. Wie ihr hier herum steht, nur weil noch nicht ein Uhr ist, was soll das? Wenn ihr fertig seid, könnt ihr doch gehen. Wenn das um zwölf ist, geht ihr halt um zwölf. Tschüss."

Sie gingen einige Samstage lang vor ein Uhr nach Hause und das sprach sich irgendwie herum. Wir wurden in das Büro des Heimleiters zitiert.

„Sie erlauben sich Eigenmächtigkeiten, die hier nicht gerne gesehen werden. Ich möchte", so sprach Herr Arno, „dass Sie das einstellen."

„Was ist so schlimm daran, wenn die Jungs nach Erledigung ihrer Aufgaben das Haus verlassen?"

„Es geht darum, dass ich Anordnungen treffe, die ich gerne umgesetzt sehen würde. Hierzu gebe ich Ihnen ein Handbuch, in dem alles steht. Ich hatte bisher vergessen, es Ihnen auszuhändigen."

Damit drückte er uns einen Aktenordner mit ungelogen zweihundert Seiten in die Hand, der uns nach Studium desselben befähigen sollte, den geschriebenen Anweisungen dann Taten folgen zu lassen. Das hatten wir so auch noch nicht.

Es gebot sich von selbst, dass wir uns das Ding – in der Technik, über Kreuz zu lesen – zu Gemüte führten, wobei wir sogar ahnen konnten, was wohl auf den Seiten stand, die wir großzügig überblätterten. Anweisungen ohne Ende.

Der Verfasser hatte die Unwägbarkeiten der pädagogischen Arbeit völlig außer Acht gelassen. Ordnung ist ja gut, aber derart übertrieben kann sie natürlich auch schaden. Warum sollte man also den Jugendlichen nicht so viel Respekt zeigen, dass man sie nach getaner Arbeit einfach entließ?

Wir zettelten deswegen keine Auseinandersetzung mit dem Heimleiter an, aber die Forderung, seinen Katalog ersatzlos umzusetzen, führte dann doch dazu, gegen seinen Willen manches zu unterlassen, was von ihm vorgeschrieben wurde.

Es gab Erzieher in anderen Gruppen, die aus diesem dummen Grund von der Heimleitung als subversiv beschrieben wurden, als würden sie sich im Untergrund bewegen. Wo mehr als zwei zusammenstanden, roch Herr Arno eine Verschwörung.

Die Situation war seltsam und für Lotte und mich völlig neu. Was wir von der einen und der anderen Seite zu hören bekamen, passte nicht zusammen. Zunächst gingen wir darauf einfach nicht ein. Wir erklärten den Jugendlichen die unterschiedlichen Gesichtspunkte und sie waren so nett zu akzeptieren, dass wir uns dem Willen des Herrn Arno soweit anpassen würden, wie es eben ging. Dazu musste man wissen, dass ein Heimleiter dieser Stadt – ich weiß nicht, ob das in der übrigen Schweiz auch so ist – vom sogenannten Bürgerrat der Stadt ernannt wurde. Herr Arno war so ein gewählter Vertreter der Stadt und fungierte nun als Heimleiter. Er kam aus der Verwaltung.

Keiner konnte uns sagen, welche Befähigung er sonst noch hatte, ein Kinder- oder Jugendheim zu leiten. Wie gesagt, in Sachen Verwaltung war er großartig.

Dass keiner zweihundert Seiten Anweisungen lesen und umsetzen konnte, schien ihm aber nicht ganz einzuleuchten. Überdies wurde dieses Machwerk monatlich um mehrere Seiten ergänzt. Also das war schon sehr merkwürdig, sollte uns aber erst einmal an unserer Arbeit nicht hindern. Wir versuchten da einfach einen Spagat, der allen Seiten möglichst gerecht werden sollte.

In der ersten Zeit verstand ich kaum ein Wort des sogenannten *Buredütsch* – Bauerndeutsch – und hielt mich sprachlich gesehen, weitestgehend bedeckt. Die ersten Monate sprach ich nur sehr wenig, um mir den Dialekt regelrecht einzuverleiben. Nach etlichen Wochen verstand ich schon ziemlich viel. Nach vielen Monaten machte ich sogar die ersten Versuche, die Sprache nachzusprechen. Das ging bereits ganz gut. Lotte gab sich in dieser Hinsicht etwas weniger Mühe. In den ersten Tagen – als wir die Wohnung einrichteten – brauchten wir mal ein Brett aus einer Schreinerei. Da war das Schweizer Deutsch noch eine Fremdsprache für uns.

Auf einer Kreuzung stand ein älterer Herr.

„Können sie uns sagen, wo wir eine Schreinerei finden?"

„A wos?"

„Eine Schreinerei."

„A wos?!"

Ich wurde lauter.

„Eine Schreinerei!"

„I Verstoh nüt. A wos?"

„Eine Schreinerei!", brüllte ich den Mann – nun schon eher unbeherrscht – an.

Offenbar schrie ich auch schon bereits etwas unartikuliert, denn auf seltsame Weise verstand er mich plötzlich.

„Ah, du meinscht a Schrineriie!"

„Jo, a Schrieneriie!", grölte ich fröhlich nach.

„Da fahrscht dört uffe, denn ab der Churve rächts, denn hinden abbe un no amol rächts. Döt isch diene Schrienriie!"

Ich dankte ihm in bestem Deutsch, was er dann wiederum nicht verstand und wir fuhren los. Wir fanden tatsächlich die Schrinerii, und kauften unsere Brettli, die uns als Regal dienen sollten.

Zu der Zeit lief von einem schweizerischen Kabarettisten namens Emil, der Film *Die Schweizermacher*. Den schauten wir uns mit einigen Kollegen zusammen an. Es hieß natürlich, Emil würde schamlos übertreiben. So schlimm seien die Schweizer nicht. Nein, keiner hatte hier Vorurteile. Je mehr die erklärten, wie es nicht sei, desto peinlicher wurde die Vorführung. Ich amüsierte mich köstlich. Die Schweizer wuchsen mir mit ihrer Verlegenheit richtig ans Herz. Ich glaubte, danach doch einiges verstanden zu haben. Also ehrlich, der Emil war aber auch wirklich daneben. Da musste ich meinen Kollegen wirklich mal recht geben. Wie konnte er seine Landsleute nur in so ein ungünstiges Licht stellen? Ja, doch. Ein lustiges Völkchen, diese Schweizer.

Lottes Eltern besuchten uns.

Wir quartierten sie in einem Hotel ihres Standes ein und zeigten ihnen unsere Wohnung. Was sie sahen, gefiel ihnen. Ach, wäre doch ihre Lotte nur nicht so weit weg, lamentierten sie. Manchmal hatte sie auch Heimweh. An einem der ersten Wochenenden, an denen Lottes Vater bei uns war, startete er einen weiteren Versuch, uns mit einem Angebot zu sich zu holen oder an sich zu binden. Wie auch immer.

„Ihr kennt ja unser Haus mit dem Wald, das uns gehört. Das steht im Moment leer. Der James träumt doch schon immer davon, eine eigene Einrichtung zu führen. Das könntet ihr doch nun zusammen tun. Fünfzehn Zimmer hat das Haus und der Wald würde auch dazugehören. Ihr könnt es geschenkt haben. Was haltet ihr davon?"

Ich wusste zunächst nicht, was ich davon halten sollte. Erhöhte er jetzt einfach nur den Kaufpreis oder war das Angebot seriös? Ich war an allen Zweifeln vorbei von der Idee angetan. Den zweihundert Seiten Ordner von Herrn Arno würde ich in dem Haus in einer Vitrine ausstellen.

„Dafür brauche ich ein bisschen Zeit", sagte Lotte.

Die sollte sie haben.

Alle paar Monate war mal einer aus der Familie da und nahm in dem schönen Hotel Quartier. Das kostete uns jedes Mal etliche Fränkli. (Übrigens kann man die Schweizer mit der Herabwürdigung ihrer Währung durch die Bezeichnung Fränkli in Sekundenbruchteilen auf die Palme bringen. Zum Nachmachen nicht empfohlen.)

Dafür wurde dann aber hinterher im Restaurant die Rechnung für ein Abendessen in einer Holzschatulle gereicht, die beim Öffnen ein kleines Glockenspiel ertönen ließ. Dann machte es natürlich noch einmal so viel Freude, die entsprechende Summe plus eines angemessenen Trinkgeldes zu entrichten. Vielleicht hätten mir diese Besuche mehr Spaß gemacht, wenn ich die Gewissheit gehabt hätte, dass die Schwiegereltern mich mochten. Die Mutter hielt sich ja raus, aber Herr Hold ließ mich schon wissen, dass es mit mir nicht weit her sei.

Lotte war nicht in der Lage, mich bei ihm zu verteidigen.

„Du magst meine Eltern nicht."

„Ich bin mit dir verheiratet. Deine Eltern respektiere ich. Ich würde mich freuen, wenn du deinem Herrn Vater gegenüber ein wenig mehr Einhalt seiner Kritik mir gegenüber abringen könntest. Ich habe längst verstanden, dass er mich seiner für unwürdig erachtet."

„Du dürftest ihm da ruhig mal widersprechen."

„Du kennst ihn doch."

„Eben."

Wir ließen das Thema. Wir kamen da niemals auf einen gemeinsamen Nenner. Der Vater wollte Lotte unbedingt wieder unter seine Fittiche nehmen. Deswegen auch das Angebot mit dem Haus. Da wäre sie in seiner Nähe. So ganz geheuer kam mir die Idee nach einigem Überlegen nicht mehr vor. Ich war nicht mehr sicher, ob ich nach allem Hin und Her noch ja gesagt hätte, wollte aber erst einmal Lottes Stellungnahme abwarten.

Öfter kam auch mal einer ihrer Brüder. Insgesamt hatte ich das Gefühl, dass wir uns alle zusammen öfter in der Schweiz sahen, als es damals in Deutschland der Fall gewesen war. Vielleicht hätte Australien eher unseren Zweck erfüllt.

„Hast du dir das Angebot deines Vaters mal überlegt?"

„Ja, das habe ich. Ich habe Angst bei dem Gedanken an so viel Verantwortung."

„Das heißt, du willst nicht?"

„Was meinst du?"

„Ich bin eigentlich begeistert von der Idee. Andererseits möchte ich ungern den Schlachtplänen deines Vaters zum Opfer fallen. Zu so einer Einrichtung gehören zwei. Wenn du also Angst davor hast, lassen wir es."

„Einfach so?"

„Einfach so. Ohne dich geht's ja nicht."

„Tut mir leid. Ich weiß, dass du von so etwas träumst."

„Das muss es nicht. Ich habe dich lieber, wenn du entspannt bist. Mit Angst kommen wir ja nicht weiter. Außerdem bekomme ich so nicht das Gefühl, mich habe kaufen zu lassen. Darf ich deinem Vater sagen, dass wir das Angebot ablehnen?"

„Von mir aus."

Ein bisschen ärgerte mich die Leidenschaftslosigkeit, mit der Lotte diese Sache entschied. Andererseits konnte man so eine Entscheidung, entgegen allen Ängsten, nicht umsetzen und irgendwie - im hintersten Winkel meines Gehirns - war es mir so auch recht. Und doch war es schade. Wir sprachen nicht mehr über diese Sache, aber es bereitete mir Genuss, dem Vater eine weitere Absage zu erteilen.

„Ja, James", wir duzten uns seit der Hochzeit, „wenn du dich da als Mann nicht durchsetzen kannst, ist das deine Sache."

Der hatte wirklich eine seltsame Art um Schläge zu betteln. Ich hätte dem gerne eine gegeben, aber Brillenträger schlug man bekanntlich nicht.

Meine Therapieausbildung lief weiter. Dazu fuhr ich einmal in der Woche etwa hundert Kilometer. Die Jugendlichen waren derart gut erzogen, dass ich mich oft genug wunderte. Das sagte ich ihnen auch hin und wieder. Die Deutschkenntnisse aller verbesserten sich in kürzester Zeit. Auf das Lob einiger Lehrer waren wir besonders stolz. Deutsch galt dort als Fremdsprache. Klar, im Dialekt war kaum einer zu verstehen. Da brauchte ich nicht einmal die Schweizer bemühen. Ins Bayrische hätte ich mich auch erst monatelang einhören müssen, ohne Garantie, dass ich hinterher mehr verstanden hätte als zuvor. Einer der Lehrlinge, Peter, hatte ein Problem in seiner Autolehre. In der Nachbargruppe war auch einer in der Autolehre und hatte so seine Probleme.

Das Heimgelände war sehr groß, sodass ich auf eine Idee kam. Ich kaufte ein Auto, an dem eigentlich nur noch der Motor lief und ließ es am Rande des Geländes von einem Abschleppauto abstellen. Peter und dem Kollegen aus der anderen Gruppe zeigte ich das Gefährt.

„Das schenke ich euch. Wenn es repariert und optisch hergerichtet ist, könnt ihr es verkaufen und den Gewinn teilen. Ist das ein Angebot?"

Die beiden waren Feuer und Flamme. Zwei Abende schraubten sie an dem Ding rum, bis Herr Arno des Autos ansichtig wurde.

„Wo kommt denn das her?", fragte er.

„Das habe ich geholt, um den Peter und den Petri aus der Nachbargruppe ein bisschen zu motivieren. Die hinken doch beide in der Lehre hinterher."

„Das geht aber nicht. Sie können doch nicht einfach ein Auto hier abstellen. Das gibt unsere Hausordnung nicht her."

Der Mann ärgerte mich.

„Ich habe jede Seite gelesen, da stand nichts von einem Auto."

„Eben, weil es das hier noch nicht gab."

Das war echte Logik. Da konnte man einfach nicht dran vorbei.

„Jetzt habe ich aber ein Problem, denen zu erklären, dass davon nichts in der Hausordnung steht."

„Das Auto kommt weg, ich erkläre das den beiden. Bitte fragen Sie das nächste Mal, wenn Sie so etwas entscheiden."

„Das werde ich tun."

Ich hatte schon einen Plan. Wenn ich verärgert war, konnte ich manchmal sehr schnelle Entscheidungen treffen. Herr Arno bat die beiden in sein Büro und erklärte ihnen den komplexen Sachverhalt

seiner zweihundert Seiten starken Verordnung, die alle Monate er-
weitert wurde. Die Jungs verstanden nur Bahnhof und Koffer klau-
en.

Mit einer Tafel Schweizer Schokolade entließ er zwei Siebzehn-
jährige aus seinem Büro, in dem Glauben, sie hätten verstanden,
was er ihnen versucht hatte beizubringen. Die waren richtig
angefressen vor Zorn. Ihre Schokoladen warfen sie in einen der
Mülleimer.

„Warum werft ihr deswegen die Schokolade weg?"

Die sahen mich erstaunt an.

„Was glaubst du, mit wie vielen Schokoladen wir schon aus
diesem Büro gekommen sind? Erst Arschtritt, dann Schokolade. So
geht das."

Die meisten der Jugendlichen – so erfuhr ich – waren noch weit
vor ihrer Lehre als Kinder in dieses Haus gekommen und sozusagen
hier groß geworden. Herr Arno verwaltete sie also schon sehr lange.
Was auch immer komisch schien, die Jugendlichen waren daran
gewöhnt und nahmen es hin. Eine Revolution hätte sie nicht weiter-
gebracht. Eher noch verunsichert. Eins musste ich aber dennoch
tun.

Etwa zwanzig Meter weiter, wo das Auto stand, begann die
Wiese eines Bauern. Dem erklärte ich mein Problem.

„Vo mir us chascht des Auti döt abschtälle. Wann's die Buebe
herrichte, soll`s mir rächt si."

So oder ähnlich hörte sich die Einverständniserklärung des
Bauern an. Er schleppte mir das Gefährt mit dem Traktor auf seine
Grundstücksgrenze. In der Gruppe fragte dann der Peter, wie es
jetzt weitergehen würde. Ich erzählte ihm, wie ich mich mit dem
Bauer geeinigt hatte.

Sicherheitshalber fragte ich noch mal bei Herrn Arno nach, wie
er das beurteilte.

„Wenn der Bauer nichts dagegen hat, soll es auch mir recht sein."

Dem ging es tatsächlich nur um den Punkt und das Komma. Das Auto war zwar da, aber es stand nicht mehr auf dem Heimgelände. Wenn die zwei daran herumschrauben konnten, sollte das dann auch von mir aus die Hauptsache sein. Jetzt mussten sie nur etwa zwanzig Meter weiter laufen. Dann halt so.

„Den Herrn Arno habe ich gefragt, jetzt könnt ihr weitermachen. Ihr müsst euch nur mit dem Bauern absprechen."

Tatsächlich wirkte sich das auf die Ausbildung aus und oft sah ich eine ganze Traube von Schraubern an dem Auto.

Nun arbeiteten wir schon über zwei Jahre in der Schweiz und hatten einige Leute kennengelernt. Ich muss sagen, dass ich die Kontakte machte. Lotte brauchte nach eigenem Bekunden nur mich.

„Ich kann dir nicht deine Freunde ersetzen. Du solltest auch Kontakte knüpfen."

Sie sah das anders. Etwas entwickelte sich da in die falsche Richtung. Einer der Mitarbeiter hieß Beat. Mit dem war ich selten, wirklich sehr selten, in der Stadt und wir tranken etwas.

Wenn ich nicht zur angegeben Zeit wieder bei Lotte war, telefonierte sie alle Gruppen durch, ob mich jemand gesehen hätte oder wüsste, wo ich wäre. Das war sehr oft sehr peinlich für mich. Wenn ich das Heimgelände betrat, liefen mir schon die Ersten entgegen.

„Sag mal, wo kommst du denn jetzt her? Lotte macht schon das ganze Haus verrückt."

„Ja, ja. Ich bin doch schon da. Wo ist sie denn?"

Meistens war sie in der Wohnung. Manchmal weinte sie auch. Das tat mir besonders weh.

„Lotte, wir können so nicht aneinanderkleben. Du musst mich auch mal gehen lassen. Ich bin doch meist nur eine Stunde weg, da musst du doch nicht das ganze Haus rebellisch machen."

Da kam zum ersten Mal der Satz: „Du liebst mich nicht mehr."

Ich habe mich darüber nie mit jemandem unterhalten, aber der Satz brannte mir in der Seele. Die Einzige, die ich je geliebt hatte, sprach so zu mir. Ich bat sie noch einmal, Kontakt zu anderen zu suchen. Wir bekamen eine Praktikantin, die hieß Regina. Mit der verstand sie sich. Manchmal ging sie sogar mit ihr fort und sie hatten sichtlich Spaß. Es war Winter und wir bekamen nicht mehr so häufig jemand von Lottes Familie zu sehen. Das kam mir sehr entgegen.

Dann sah ich in diesem Land seit Jahren überdies auch mal wieder richtig viel Schnee und oft schien dabei die Sonne. Boris zog etliche Schlitten. Den Hund liebten sowieso alle.

Unter anderem waren Fred und Karl zu Besuch und wir pokerten oder gingen auf einen Glühwein in die Stadt. Aus einem mir unerfindlichen Grund sah das Lotte höchst ungern. Ich wusste ja, dass sie Karl nicht unbedingt mochte, aber ich wollte nun deswegen nicht auf diese Freundschaft verzichten.

An Sylvester war ich mit Lotte allein im Kinderheim und in der Nacht setzte ich mich voller Erwartung auf die Terrasse, um dem Feuerwerk zum Jahreswechsel beizuwohnen. Das war schon toll, über dem See und dem Blick über die Berge, an denen die Lichter der Häuser wie kleine Diamanten funkelten. Ich öffnete die Champagnerflasche und stieß mit Lotte an. Wir küssten uns und wünschten uns ein gutes neues Jahr.

Nur - kein Feuerwerk? Nichts. Oh, wie schade.

Lotte klärte mich auf. Die Schweizer machen nur am ersten August zu ihrem Gründungstag ein Feuerwerk. Sylvester kennen die nicht so wie wir.

214

„Das hättest du im letzten Jahr schon mitkriegen können, aber das hast du verpennt."

Ich war traurig. Kein Feuerwerk. Unten im Hof tat sich etwas. Ich schaute über die Brüstung, der Terrasse und jemand war dort mit etwas beschäftigt. Dann zischte es. Beat wusste von Lotte, dass ich auf ein Feuerwerk warten würde, und hatte sich - nebst einigen Jugendlichen - mit Krachern eingedeckt. Heimlich hatten die unterhalb unserer Terrasse eine ganze Batterie von leeren Sektflaschen aufgebaut und mit Raketen bestückt. Die Jugendlichen, die ich eigentlich zu Hause glaubte, beteiligten sich engagiert an der Aktion. Sie zündeten um Punkt die Feuerwerkskörper. Nun zischte und knallte es für uns exklusiv. Eine der Raketen zischte dem Beat unter die Jacke. Der flippte daraufhin da unten herum wie Rumpelstilzchen. Zum Glück ging das Ding aus.

Da raste eine Handvoll Leute über den Hof und brannte für die armen Deutschen deren ersehntes Feuerwerk ab. Ich war gerührt, wie die sich völlig verausgabten, um für uns so ein Spektakel zu veranstalten. Natürlich klatschten wir Applaus und freuten uns über die gelungene Inszenierung. Wir kippten noch einige Flaschen von dem kühlen Nass. Dann war eines der schönsten Sylvester vorbei.

Der Frühling zog ins Land, die Jugendlichen kamen in ihrer Ausbildung ein Jahr weiter und die Berichtshefte wiesen die besten Erfolge der Deutschkenntnisse im ganzen Haus auf. Das wurde immer wieder lobend erwähnt und wir hörten es gerne. An einem Tag warteten wir auf einen Jugendlichen - Rudi - der von seinem Wochenendaufenthalt bei den Eltern nicht zum Abendessen im Heim erschienen war. Wir riefen bei den Eltern an und erfuhren die schlimme Nachricht.

Es gab einen Fluss, in den etliche Jugendliche von einer Brücke aus hinein sprangen. Sozusagen als Mutprobe. Unterhalb der Brücke waren Hochspannungsleitungen, an denen die Springer vorbei in den Fluss hüpften. Rudi hatte diese Leitung erwischt und zwanzigtausend Volt hatten großflächig seinen Körper verbrannt. Das stand dann am nächsten Tag groß in der Zeitung. Der arme Kerl. Nach etlichen Wochen und einem längeren Aufenthalt in einer Rehabilitationsklinik kam Rudi wieder. Mit dem Bauch war er auf der Leitung aufgeschlagen und auf der Vorderseite war kaum eine Stelle zu sehen, die nicht vernarbt war. Das tat schon weh beim Hinschauen. Rudi war ohnehin ein stiller Junge und trug das Geschehen tapfer mit sich aus. Die psychologische Betreuung half ihm dabei und die anderen ließen es ihm an Zuspruch nicht mangeln.

Ja, wir hatten eine sozial sehr gefestigte Gruppe, auf die wir stolz sein konnten.

Wir feierten Fastnacht. Diese unterscheidet sich erheblich von der Deutschen. Wo es bei uns – aus meiner Sicht – militärische Aufmärsche in Uniformen gab, fanden sich in der Schweiz phantasievolle Kostüme und ausgefallene Choreografien zu einer ebenso ausgefallenen Musik wieder.

Guggemusik. So nennt sich die Art von Fastnachtsmusik. Gugge bezeichnet eigentlich eine Tüte, einen Müllsack oder Ähnliches. Tütenmusik ist im Wesentlichen eine etwas verjazzte Interpretation von allgemein bekannten Volksliedern oder Schlagern. Der Rhythmus entspricht eher dem von Samba, also nicht dem in Deutschland so beliebten eintönigen Märschen. Ich gehe nicht gerne zu Menschenansammlungen, aber bei der Musik bewegten sich die Teilnehmer entsprechend anders, sodass es sich für mich fast aushalten ließ. Wenn ich ohne Panik inmitten einer großen Menge stehen konnte, sollte das schon etwas bedeuten. Das war sozusagen der Rhythmus, bei dem man mit muss. Das sollte man wirklich einmal miterlebt haben. Sehr zu empfehlen war im Zusammenhang mit Festen auch der Nationalfeiertag in der Schweiz.

Der findet am ersten August eines jeden Jahres statt und bleibt für alle, die es einmal miterleben durften, ein unvergessenes Ereignis. Über den See fuhren alle Arten von Schiffen, die abends ein Feuerwerk abschossen. Das spiegelte sich dann im Wasser wider. Hinter dem See an den Berghängen wurden gigantische Feuer entzündet, die noch weithin sichtbar waren. Von irgendwoher hörte man dazu sanfte Musik. Ich fand das sehr eindrucksvoll.

Alles, was wahr ist ...

Wir bekamen Besuch von Lottes Vater und ihrem älteren Bruder. Das war nun nichts mehr Außerordentliches. An einem der Abende, an denen wir die Familie mal wieder zu Gast hatten, entspann sich ein Gespräch. Ungewöhnlich war daran, dass in der Unterhaltung – scheinbar scherzhaft – erwähnt wurde, dass ich mich als Schwiegersohn im Falle des Ablebens von Lottes Vater etwas vermögender darstellen würde, als es bis dahin der Fall gewesen sei. Ich hörte es wohl, verstand aber den Sinn der Rede nicht sofort.

Wäre ich dem Geld mehr zugetan, hätte mir gleich auffallen müssen, dass da eine Unterstellung mitschwang. Zu Geld hatte ich noch immer kein gesundes Verhältnis, sonst hätte ich nicht die teuren Hotels für Lottes Familie bezahlt. Überdies gingen von meinem Lohn die Miete, Autokosten und unsere sonstigen Unterhaltskosten ab, was mich auch nicht sonderlich störte. Lotte sparte. Von mir aus.

In einem späteren Gespräch mit Lotte – da waren die beiden schon wieder weg – sprach ich sie auf diese Bemerkung an.

„Der Vater meint, du hättest mich aus finanziellen Gründen geheiratet."

Das fühlte sich für mich an wie Faust in Fresse.

„Ist der noch ganz dicht? Er wollte doch ums Verrecken, dass wir heiraten. Ich lehne ein Haus mit Wald ab, ich lehne einen Job mit dreifachem Gehalt als Psychologe in einer Privatklinik ab, aber ich bin scharf auf das Geld deines Vaters? Wie passt denn das zusammen? Im Gegenteil. Ich liebe dich, will dich, verheiratet oder unverheiratet. Ich habe deinem Monsieur Vater sogar gesagt, dass ich nicht käuflich bin!"

Ich war geladen bis unter die Haarwurzel.

Gerne hätte ich mich einem regelrechten Tobsuchtsanfall hinge-
geben. Von den beiden hätte in diesem Moment keiner neben mir
stehen dürfen. Diese Ratten!

„Reg dich nicht so auf, James. Ich weiß ja, dass es anders ist."
Etwas verstand ich nicht.

„Du kennst mich doch. Kannst du deinem Vater nicht erklären,
dass ich ganz woanders zu Hause bin, als er mir dauernd unterstellt? Kommt da von dir überhaupt irgendetwas an Gegenrede?"
Lotte schien irritiert.

„Du weißt ja nicht, wie es in einer Familie ist. Ich war ja auch
einmal in einem Internat, aber das kann man ja nicht mit einem
Kinderheim vergleichen. Und außerdem liebe ich meinen Vater."
Da waren sie wieder, die Worte, die ich so abgrundtief hasste.
Ich hätte in die Tischkante beißen mögen.

„Weißt du, Lotte, dein Vater hat uns von Anfang an belogen. Er
hat uns den Segen für die Hochzeit nie wirklich gegeben. Das sehe
ich doch an der Art, wie der regelrecht gegen uns kämpft. Es ist
auch deine Ehe. Das betrifft uns beide."

„Er meint es doch nur gut."

Sie schien nicht zu begreifen. Mir war danach. Ich musste ihr
auch einmal Feuer geben.

„Dein Scheißinternat ist einfach nur das Kinderheim der Bourgeoisie. Ich wette, da wurdest du nach deiner Vergewaltigung hin
verschifft, damit im Ort keiner tratscht, wenn das herausge-
kommen wäre. Ich bin sicher, dass dein Vater über seinen besten
Freund sehr wohl Bescheid weiß. Der hat dich doch regelrecht in
dieses Internat abgeschoben. So liebt dich dein Vater. Stimmt das
oder nicht?"

Lotte weinte. Das tat mir weh.

„Du liebst mich nicht mehr."

Härter hätte sie mich für meine Worte nicht strafen können.

„Ich werde mir etwas überlegen, wie wir aus dieser schrägen Nummer wieder rauskommen. Ich sage dir, wenn mir etwas eingefallen ist. Ich möchte nicht mit dir streiten."

„Ich auch nicht."

An diesem Abend betrank sich Lotte. Ich suchte sie überall, bis ich ein Geräusch aus dem Schrank hörte. Dort lag ein kleines zusammengerolltes Mädchen in ihrem Schlafhemd. Der Anblick machte mich derartig traurig, dass ich einige Zeit nicht wusste, was tun. Ich nahm sie und trug sie ins Bett. Mir ist kaum etwas Schutzloseres begegnet als Lotte an diesem Abend. Gott, ich liebte sie wirklich.

Ich hatte null Ahnung, wie ich ihr hätte helfen können. Das betrübte mich. Musste ausgerechnet ich ihre Rache spüren für das, was andere ihr angetan hatten? Ein bisschen schien es mir so.

Es musste weitergehen. Wir hatten einen Auftrag. Den galt es trotz allem zu erfüllen. Das taten wir dann auch. Auch intensivierte ich nun noch mehr meine Bemühung um Lotte. Ich lud sie öfter zum Essen ein, wir fuhren mit dem Boot über den See und schauten uns das übrige Land an. Wir fanden wieder zueinander.

Mir war eine Idee gekommen, die ich ihr unterbreitete.

„Dein Vater ist Notar, deine Brüder sind Anwälte. Es sollte uns nichts kosten, wenn die einen Ehevertrag für uns aufsetzen. Da soll dann drin stehen, dass mir nach einer Scheidung oder nach dem Tod deines Vaters nichts, aber auch gar nichts gehört. Was meinst du?"

„Für mich ist das nicht wichtig."

„Aber für deine Familie schon. Außerdem kann ich damit klar machen, dass ich kein Schmarotzer bin, oder für was auch immer die mich halten."

„Wenn du meinst, dann machen wir das so."

„Also, dann verkünde deinem Vater die frohe Kunde seines verzichtenden Schwiegersohnes."

Tage später sprach mich Lotte auf unsere Kontroverse an.

„Das mit dem Kinderheim und dem Internat stimmt. Ich habe mir Gedanken darüber gemacht, du hattest recht."

Was für eine Eröffnung.

„Dein Vater weiß das also wirklich?"

„Ja."

Lotte überraschte mich doch immer wieder.

„Ich glaube, dass dir noch ganz andere Dinge passiert sind. Du musst wissen, was du daraus machst. Jede Familie hat ihre Geheimnisse, so viel weiß ich darüber schon."

„Mein Vater hat mich auch mit dem Gürtel geschlagen."

Sie fing an zu weinen. Mir wurde ganz anders. Ich sah ihre gelebte Illusion von Familie, die sich mit jeder Offenbarung mehr und mehr in nichts auflöste. Ganz nebenbei erfuhr ich auch, dass die stattliche Sammlung von Zinntellern in deren Wohnzimmer, zum größten Teil aus Diebstählen stammte. Die kaufte Vater Hold von einem Zigeuner, der ihm die Ware anschleppte. Natürlich wurden die Teller vor dem Kauf auf Echtheit überprüft. Der Mann war schließlich Notar und wollte nicht mit Plunder glänzen.

Das von mir angenommene hohe Niveau der Familie schwand dahin. Ja, ich bekam sogar den argen Verdacht, dass der Vater sie bei sich haben wollte, damit diese schrecklichen Geheimnisse nicht offenbar wurden. Der Wust von Verdächtigungen sowie Unterstellungen meinerseits ihren Eltern gegenüber wurde größer und größer. Ich verstrickte mich dabei mehr als ich wollte, in übelste Phantasien. Zudem widerte mich der alte Mann mehr und mehr an.

„Lotte, meinst du nicht, dass du vielleicht professionelle Hilfe in Anspruch nehmen könntest?"

„Vielleicht."

Das machte mich alles sehr unglücklich. Mein Wohlgefühl mit

Lotte stand mehr und mehr auf dem Kopf. Andererseits mussten wir da durch. Ich wollte warten. Das konnte ich ja.

Einige Zeit darauf pilgerten wir zwei zu einem Notar in der Nähe von Lottes Heimat. Dort unterschrieben wir den Ehevertrag. Danach war nun gesichert, dass ich wirklich nichts bekommen würde. Mir sollte das recht sein. Gefühlsmäßig hatte der Vertrag allerdings zur Folge, dass wir nun einen Stand wie ein unverheiratetes Paar hatten, sofern kein Kind dazu kommen würde. Ja, überhaupt. Warum wurde Lotte nicht schwanger? Ich hatte seit den ersten Malen kein Kondom mehr benutzt.

Wie dem auch sei, der Ehevertrag versetzte uns irgendwie in einen anderen Stand. Ich war mir nicht sicher, ob uns das nun voneinander entfernte oder ob die unausgesprochenen und gefühlten Verträge, die wir ja zweifelsfrei miteinander hatten, nun auch ins Wanken geraten würden. Zunächst kam ich mir auf jeden Fall irgendwie geschieden vor und doch nicht. Seltsam.

Wieder ein knappes Jahr ging ins Land. Ich war nun dreißig Jahre alt. Ich bekam zunehmend Zweifel an meiner Arbeit. Ich hatte nicht das Gefühl, dass die Jugendlichen mich wirklich brauchten. Oft erschienen sie mir erwachsener als mancher, der von sich behauptete, es zu sein. Das war so mein Gefühl in dieser Zeit.

Routine schlich sich ein.

Mir kamen die Zeiten in den Sinn, als ich mir geschworen hatte, Erzieher zu werden. Da war noch Kampf angesagt. Ich machte mir schlichtweg Gedanken über meine Entwicklung, die ich seit damals genommen hatte. Da schienen ganze Welten dazwischen zu liegen. Ich nannte das die Welt, als ich Erzieher werden musste. Danach kam die Welt, in der ich sehr engagiert einer Berufung nachging. Nun befand ich mich im Zweifel meines Tuns.

Die Therapieausbildung war so weit fortgeschritten, dass ich aufgefordert wurde, als Co-Therapeut einzusteigen. Auch an diesem Punkt stellte ich mir die gleichen Fragen.

Irgendwie brauchte ich weder das Eine noch das Andere. Aber wofür hatte ich so viele Opfer gebracht und gelernt, was ich konnte? Ich denke, dass damals ein Entwicklungsschritt stattfand, der sich Erwachsenwerden nennt. Ich wollte die alte Welt der Heime verlassen, wie weh das auch immer tun sollte. Heim kommt von Heimat. Da müsste ich ein gewaltiges Stück aufgeben. Noch war ich aber nicht so weit, denn das ging nicht von heute auf morgen. Für etwas, das man aufgibt, braucht man einen Ersatz. Das erleichtert den Verzicht.

An unserer Wohnungstür klingelte es. Der Hund bekam immer schon vorher mit, dass jemand vor der Tür stand. Da er freudig mit dem Schwanz wedelte, musste da jemand Bekanntes sein. So war es. Ich öffnete einen Spalt.

Draußen standen der ältere Bruder von Lotte und ihr Vater. Den Bruder mochte ich eigentlich. Bis zu dem Zeitpunkt. Ich glaubte zunächst, nicht richtig zu hören. Die beiden hatten in ihrer Unterhaltung nicht mitbekommen, dass die Wohnungstüre schon offenstand.

„So einfach ist das nicht mit dem James. Das ist halt ein Mann ohne Vergangenheit und ohne Zukunft", so sprach der Vater zu seinem Sohn.

Mehr brauchte ich nicht zu hören. Ich drehte mich im Flur um und stieß die schwere Türe mit der Hacke zu. Draußen hatte sich der Bruder in der Sekunde dem Eingang zugewandt und bekam das schwere Teil – wie ich später hörte – leider vor den Kopf. Ich hörte noch etwas, aber das interessierte mich nicht mehr. Sollte Lotte noch kommen, wäre ich für alle auf der Terrasse zu finden.

Am Abend kam sie allein in die Wohnung.

„Du musst meine Familie wirklich hassen, wenn du meinem Bruder die Tür vor den Kopf schlägst. Der hat eine Beule am Kopf."

„Die Beule hat er verdient. Du hast ja nicht mitbekommen, was die gesprochen haben."

Sie wusste sogar noch mehr.

„Ein Mann ohne Vergangenheit und ohne Zukunft vielleicht?"

Nun rührte mich aber der Donner.

„Woher weißt du das?"

„Das hat mein Vater schon öfter gesagt, da ist doch nichts dabei."

Ich schwankte zwischen irgendwas und irgendwas.

„Besser kann dein Vater seine Verachtung für mich überhaupt nicht ausdrücken. Du weißt schon seit einiger Zeit, wie der mich bezeichnet, und sagst nichts?"

„Du bist ein Arschloch", ließ sich Lotte vernehmen.

„Was hast du da gerade zu mir gesagt?"

„Hast du doch gehört."

Zorn wäre nicht das richtige Wort. Da stand mir meine Frau gegenüber und versuchte ihre Familie vor mir zu schützen, statt umgekehrt. Das Wort Arschloch bedeutete für mich eine ungeheuerliche Herabwürdigung. Ich war zutiefst getroffen. Es ging mit einem Schlag etwas kaputt, wovon ich überzeugt war, dass das nie passieren könnte. Wo war meine Lotte? Ich erkannte sie nicht wieder.

„Okay, Lotte, ich habe verstanden."

„Was hast du verstanden?"

„Alles. Ich gehe schlafen. Gute Nacht."

Ich ging ins Schlafzimmer, holte mir Bettwäsche und ging Richtung Sofa.

Entscheidung ...

Ihre Eltern und Brüder sah ich nie wieder. Nach einigen Tagen - ich fühlte mich gedemütigt, erniedrigt und verraten - nahm ich meine Sinne zusammen und traf Entscheidungen.

„Lotte, ich möchte, dass wir uns trennen. Versteh mich richtig. Ich liebe dich, aber zusammen können wir nicht. Für eine Ehe taugt das nicht. Meine Entscheidung steht."

Sie stand da, wie vom Schlag getroffen.

„Wieso willst du dich scheiden lassen?"

„Ich komme gegen deine Eltern nicht an. Ich glaube, dass dort dein Platz ist. Du kämpfst ja förmlich darum."

Jetzt kam ein Satz, den ich nie vergessen werde.

„Mein Vater wird sagen, dass ich nicht einmal einen Mann halten kann."

Das überforderte mich vollends.

„Was hat denn dein Vater damit zu tun? Steht eigentlich hinter allem, was du tust, dein dusseliger Vater? Hallo! Hier steht dein Mann und will sich scheiden lassen! Alles was dich kümmert, ist dein Vater. Ich fasse es nicht!"

„Sag mir, warum du die Scheidung willst. Ist da eine andere?"

„Das wäre wohl das Einfachste, nicht wahr? Nein, da ist keine andere. Ich liebe dich, aber ich möchte dich nicht anfangen zu hassen."

„Wieso hassen?"

„Du bekommst nicht einmal mehr mit, wann du mich beleidigst. Wenn ich ein Arschloch für dich bin, ist es schon weit gekommen. Viel zu weit. Ich meine es so, wie ich es gesagt habe. Ich möchte mich von dir trennen. Alle guten Gefühle nehme ich mit. Du bleibst meine Lotte, aber eine Ehe können wir so nicht führen. Glaub mir, ich habe mir sehr viel Gedanken darüber gemacht. Lass mir wenigstens den kleinen Gewinn einer guten Erinnerung an dich. Du hast ein Zuhause und wenn du ehrlich bist, willst du da doch wieder hin."

Sie sagte nichts mehr. In der Gruppe kamen mir die Jugendlichen vor wie Scheidungskinder. Sie mochten uns und das beruhte auf Gegenseitigkeit. Inzwischen hatten wir zu der Praktikantin Regula noch einen Praktikanten bekommen und allen mussten wir erklären, dass unsere Tage in dieser schönen Stadt und unseres Zusammenlebens gezählt waren. Ihnen würden die Räume bleiben, die wir in unserer ganz eigenen Art so wohnlich eingerichtet hatten. Es flossen viele Tränen.

Ich bekam von allen ein großartiges Zeugnis auf Pergament geschrieben.

Da hatte sich jeder mit einer kurzen Beschreibung meiner Person verewigt.

Ich war sehr gerührt. Zusätzlich hatten sie eine Mappe mit unzähligen Fotos erstellt, die ich mitnehmen durfte. Die Schrift auf dem Zeugnis verblasste leider mit den Jahren. Vielleicht gäbe es ja eine Technik, sie wieder sichtbar zu machen. Es wartet noch darauf.

Die Mappe mit den Bildern fiel später - wie die Fotoalben - der Vernichtung anheim.

Ich verließ die Jugendlichen und die Landschaft in dem Wissen, dass wir uns jederzeit wiedersehen konnten. Alle guten Gefühle erinnern mich an diese Zeit. Auch an Lotte.

Mit ihr verbrachte ich noch einige Tage in der Wohnung, aber sie wich mir aus. Sie trank zu viel. Ich half ihr noch beim Umzug in die Nähe ihrer Heimat. Klar, wohin hätte sie sonst ziehen sollen? Ich wollte das Erzieherdasein noch nicht aufgeben und etwas ausprobieren. Da ich fast nur mit Jugendlichen oder jungen Erwachsenen gearbeitet hatte, wollte ich unbedingt wissen, wie es mit kleinen Kindern stand. Davor hatte ich immer Angst.

Ich wusste nicht, was mit kleinen Kindern möglich wäre und befand mich im Glauben, dass ich wohl auf ihnen herum trampeln würde, weil die so klein waren. Ich könnte ja mal eins übersehen und dann wäre es passiert. Nein, ganz so schlimm waren meine Befürchtungen natürlich nicht, außer dass ich keinen Bezug zu ihnen hatte.

Ein letzter Versuch ...

Ich bewarb mich in einer Kindertagesstätte. Es würde meine letzte Stelle als Erzieher sein, sollte mir auch diese Arbeit nicht mehr zusagen.

In meiner Gruppe waren etwa zehn Kinder zwischen drei und zwölf Jahren. Der Heimleiter Rolf war etwas älter als ich und sehr nett. Er lachte viel. Barbara war eine Mitarbeiterin, die mit ihrem Freund, der bei der Feuerwehr arbeitete, oft nach Afrika fuhr. Die beiden besuchte ich oft. Wir verstanden uns bestens. Barbara erinnerte mich vom Äußeren her an Gerda, hatte aber im Gegensatz zu ihr ein aufgeschlossenes Wesen und war ständig zu Schabernack aufgelegt. So schienen alle gut aufgelegt und ich fühlte mich schnell wohl. Es gab vier verschiedene Gruppen. Um das Haus herum gab es den üblichen Sandkasten, eine Rutsche und einen Minibolzplatz. Bei dem Gedanken daran, dass ich nun jahrelang die Schaukel für kleine Kinder anschubsen würde, bis ihre Eltern sie abends holten, wurde mir schlecht. Mehr konnte ich mir am Anfang unter dieser Arbeit nicht vorstellen. Mir graute es davor. Die älteren Kinder kamen mittags aus der Schule und wir machten Aufgaben. Die Kleinen beschäftigten sich ganztags mit Spielen im Hof oder bei schlechtem Wetter mit Basteln im Haus.

Mein neues Zuhause fand ich in einer bestens ausgebauten Doppelgarage, in einer sehr schönen Wohngegend. Zimmer, Küche, Bad. Das Ungewöhnliche an dieser Wohnung bestand in einem weiteren Zimmer im Haupthaus, das ich dazu gemietet hatte. Das heißt, es war eine Bibliothek. Wenn man den Raum – etwa vierzig Quadratmeter – betrat, sah man geradeaus große Doppelfenster, zwischen denen Pflanzen standen.

Vor den Fenstern lag ein Garten, der durch eine Terrassentür zu betreten war. Rechts an der Wand stand ein mannshoher Kamin und darüber hing ein großer Spiegel. Umrahmt wurde das Ganze von Büchern und nochmals Büchern.

Vor dem Kamin standen ein riesiges Ledersofa und zwei Sessel. In der Bücherwand stand ein Fernseher. An der linken Wand waren ebenso Bücherregale und davor ein antiker Schreibtisch mit Stuhl. Die dritte Wand beherbergte ebenfalls Bücher. Unglaublich. Dieses Zimmer und den Garten konnte ich zu einem zahlbaren Preis nutzen. Boris störte dort niemand. Solch einen Raum mieten zu können, beeindruckte mich umso mehr, als es mich an das Bücherzimmer meines Schwiegervaters erinnerte. Sein Zimmer stellte im Vergleich zu diesem hier nur den Versuch eines Bücherzimmers dar.

Der Kamin war das Größte überhaupt. Ich glaube, es verging kaum ein Tag, an dem ich den nicht anmachte. Ich besorgte mir so eine Art Zange, mit der man eigentlich Fisch grillte und briet meine Steaks oder Schnitzel am Kamin. Mit der Zange konnte ich die schön drehen. Dazu eine Flasche Rotwein, den Boris knochenkauend neben mir, und die Welt war in Ordnung. Ich vermisste nichts, wobei noch die vielen Bücher dazu kamen.

Das Haus lag in einem Wendehammer an einer riesigen Wiese mit angrenzendem Wald. Für den Hund und für mich absolut Ideal.

Im Dachgeschoß des Hauses, über dem Bücherzimmer, wohnte eine Geigerin des Staatstheaters mit einem etwa zehnjährigen Jungen. Den bat mich die Geigerin hin und wieder zu betreuen, weil ich doch Erzieher sei. Scheinbar verwechselte sie mein Berufsbild ein wenig. Dennoch versuchte ich es.

Der Junge war absolut verzogen und gebärdete sich derart als Prinz, dass ich ihr irgendwann erklärte, dass meine ungeschlachte Art ihrem Nachwuchs in keiner Weise gerecht werden könne. Nein, in keinem Fall mochte sie ihren Nachwuchs einer Aufsicht unter ihrem Niveau überlassen.

Das sah ich auch ein und so hatte ich meine Ruhe vor den beiden, sodass wir – im Wissen um unsere Unterschiede – freundlich und respektvoll unserer Wege in die jeweilige Richtung gingen. Das wiederum klappte sehr gut. Sie ließen mich fortan in Ruhe.

In der Kindertagesstätte gab es in meiner Gruppe einen etwa dreijährigen, blondgelockten Jungen, der meine Nähe suchte. Wenn ich mich umdrehte, stand er hinter mir, oder er saß mir auf dem Schoß, wenn ich mich setzte. Manuel hieß er. Keine Ahnung, wie ich mit so einem kleinen Kind umgehen sollte. Nun, dann saß er halt auf meinem Schoß oder stand dauernd hinter mir.

Mit Manuel ging es etwa so, wie es mir mit Boris gegangen war, nachdem ich ihn aus dem Tierheim geholt hatte. Die ersten Monate war ich der Überzeugung, nichts mit ihm anfangen zu können. Was hatte mich eigentlich geritten, in einer Kindertagesstätte anzufangen!

Nach einigen Monaten hatte ich mich doch tatsächlich an ihn gewöhnt. Jeden Mittag las ich ihm zum Mittagsschlaf Pinocchio vor, setzte ihn aufs Töpfchen, windelte ihn, trocknete ihm die Tränen, wenn er traurig war, bastelte mit ihm oder wischte ihm die Nudeln von der Schulter, wenn er mal wieder übte, Suppe zu essen.

Sich mit etwas beschäftigen, heißt, sich damit zu identifizieren. Mehr noch. Ich verknallte mich in den kleinen Wurm und am liebsten hätte ich ihn einfach entführt. Er war ein kleiner Goldschatz. Manchmal dachte ich, wenn ich auch mal einen Sohn hätte, wäre er so wie Manuel. Zudem bekäme er einen schönen Namen.

Jean Yves. So würde er heißen. Ich weiß bis heute nicht, wo ich diesen Namen jemals gehört hätte. Mein ungeborener Sohn - im Geiste war er damals auf die Welt gekommen - hieß Jean Yves. Manuel erinnerte mich an ihn.

Ein zwölfjähriges Mädchen aus der Gruppe fiel mir auf. Sie näherte sich mir in einer Weise, die mich irritierte. War es das, was sie sagte oder wie sie sich bewegte oder wie sie sich benahm? Ich schaute sie mir auf jeden Fall genauer an und dann fiel es mir auf. Sie war geschminkt. Schminkten sich zwölfjährige Mädchen? Versuchte sie einfach nur, erwachsen zu wirken, oder steckte was anderes dahinter? In manchen Situationen wirkte sie regelrecht altklug. Etwas passte da nicht so richtig. Irgendwie hatte das, was ich sah oder zu spüren glaubte, mit einer Zwölfjährigen wenig gemein. Sie war fast jeden Tag geschminkt. Komisch.

Ich wollte wissen, was es damit auf sich hatte.

„Hallo, Maria, wie geht's dir?"

„Gut, warum?"

„Mir ist aufgefallen, dass du dich schminkst. Das hast du doch gar nicht nötig."

Mir fiel einfach nichts anderes ein, als mit der Türe ins Haus zu fallen.

„Gefalle ich dir nicht?"

„Doch schon. Hast du die Schminke von deiner Mutti?"

„Ich habe keine Mutti. Ich lebe mit meinem Vater zusammen."

Unser Weg trennte sich erst einmal. Mit Rolf sprach ich über Maria und hörte, dass der Vater schon seit Monaten die Gebühren für die Tagesstätte schuldig blieb, ohne sich zu rühren. Es bestand die Möglichkeit, dass Maria die Tagesstätte verlassen musste, wenn das Geld nicht kommen würde.

Der Vater war Zöllner. Der hatte sich kaum sehen lassen, sodass die familiären Verhältnisse weitgehend unklar waren. Die Frage kam, ob ich mich drum kümmern wolle. Das war schon eher eine Aufgabe für mich als Schaukeln anzustoßen. Auch kleine Kinder können große Probleme haben. Ich setzte mich mit dem Jugendamt ins Einvernehmen. Vielleicht kannte dort jemand Marias Situation.

Über das Thema Maria lernte ich eine sehr engagierte Sozialarbeiterin des Jugendamtes kennen. Die Art des Kennenlernens war kurios. Mit einer Kollegin zusammen besuchte sie uns, um Marias Situation mit ihrem Vater zu erhellen. Elisa war die etwas Ältere der beiden Frauen. Blond, lange Beine und ein edles Kostüm.

Sie hatte was. Die Kollegin war absolut attraktiv und entsprach schon eher meinem bevorzugten Profil. Margot. Dunkle Haare, große, braune Augen und ebenso schlank wie Elisa.

Wir setzten uns ins Büro von Rolf. Da ein Stuhl zu wenig vorhanden war, setzte sich Elisa spontan mir gegenüber auf den Boden. Ich bot ihr meinen an.

„Nein, ich brauche keinen Stuhl. Es geht schon, danke."

Noch während sie sich hinsetzte, dachte ich, wie das wohl gehen könne mit dem engen Kostüm. Es ging. Was ich zu sehen bekam, ging auch. Ich wurde seltsamerweise das Gefühl nicht los, dass die beiden uns anmachten. Wir besprachen also Marias Situation. Elisa war absolut professionell, was ich vor allem daran merkte, dass sie geschickt aber bestimmt Aufgaben an mich delegierte, die eigentlich ihr als Vertreterin des Jugendamtes zugedacht waren. Ich fand sie regelrecht keck. Das ging so nach dem Motto, wenn du schon so engagiert tust, dann zeigst du erst mal, was du kannst. Sehr clever. Ich war einverstanden und wollte mich um Marias Vater und den leichten Verdacht ihres Verhaltens wegen kümmern.

Ich würde es Elisa schon zeigen.

„Wir würden gerne Rolf als Heimleiter zu einem Essen mit uns einladen."

Elisa lud also den Rolf ein. Auf das Du hatten wir uns am Anfang der Unterhaltung schon geeinigt.

„Wenn er möchte, kannst du ja den James mitbringen, dann wären wir zu viert."

Rolf versprach, darüber nachzudenken. Die beiden verabschiedeten sich und das war's erst einmal mit Elisa und Margot.

Der Kamin brannte. Vor uns stand eine Flasche Rotwein und wir lümmelten uns auf dem Sofa herum. Da war nichts Sexuelles, außer dass mich Barbara besucht hatte und wir ziemlich ausgelassen herumtollten und unseren Spaß hatten. Wie ich mich gerade über die Sofalehne schwang, um mich hernach auf sie zu schwingen, sah ich mitten im Sprung aus dem Augenwinkel jemanden in der Tür stehen.

Lotte. Ach du Scheiße!

Das war nicht nach meinem Geschmack.

Ohne Vorankündigung – ich wähnte sie in Deutschland – stand sie da in der Tür und schaute mich an. Alles, was sie hätte fragen können, sah ich an ihrem Blick. Alles, was sie in dem Moment spürte, teilte ich mit ihr. Den Schmerz konnte uns keiner nehmen.

Sie fing sich schnell.

„Ah, dem Herrn scheint es ja richtig gut zu gehen."

Ich gab mich ebenso locker.

„Barbara, darf ich dir meine Frau vorstellen?"

„Aber ja doch. Herzlich willkommen."

Lotte drehte sich um.

„Ich geh dann mal wieder." Da stand sie erst wie ein Geist in der Tür und dann war sie auch schon wieder weg.

Ich hielt sie nicht auf, außer dass mir danach wehtat, dass ich sie hatte gehen lassen. Wir waren noch nicht geschieden. Der Ehevertrag musste ein Jahr alt sein, um Gültigkeit zu erlangen. Noch wenige Tage, dann wäre es soweit. Wäre ich der von Lottes Vater unterstellte Erbschleicher, hätte ich mich nun sehr schnell scheiden lassen. Der Ehevertrag wäre damit ungültig und ich hätte die geklauten Zinnteller erben können. Als letztes Zeichen dafür, dass er mir am Arsch vorbeiging, nahm ich den Scheidungstermin wahr, nachdem der Ehevertrag Gültigkeit erlangt hatte.

Das Ganze kostete mich exakt fünf symbolische Mark, den Rest bezahlte er. So wichtig war ihm das.

Mir auch.

Ich lernte Walter, den Vater von Maria, kennen. Er arbeitete, wie erwähnt, beim Zoll. Er war ein eher kleines Licht in seinem Amt. Wir trafen uns bei ihm zu Hause, so konnte ich auch gleich sehen, wie Maria wohnte.

Das war an einem Abend, nach Walters Spätdienst.

„Wir können uns duzen. Ich heiße James."

„Von mir aus. Ich hatte noch nie Besuch von einer sozialen Behörde."

„Ich bin von keiner sozialen Behörde. Maria ist in meiner Gruppe in der Kindertagesstätte."

„Ach so. Du willst sicher wissen, wann das Geld für die Betreuung kommt."

„Das auch. Ich wollte vor allem dich kennenlernen."

„Wieso das denn? Trinkst du einen Wein mit?"

„Wein ist immer gut. Walter, mich nimmt Wunder, warum sich Maria schminkt und versucht, sich so viel älter zu machen, als sie eigentlich ist. Hast du eine Erklärung für mich?"

Er schien aus allen Wolken zu fallen.

„Was meinst du damit? Sie hat ja nicht einmal einen Freund. Weißt du etwas, das ich wissen sollte?"

Ich musste lachen. Diese Frage hätte eigentlich ich stellen sollen.

„Nein, ich weiß leider gar nichts, deswegen frage ich dich."

„Keine Ahnung, wovon du redest, aber ich werde sie mir morgen etwas näher anschauen." Er war entspannt und umgänglich. Ein einfacher Typ. Nach zwei Flaschen Wein kam er ins Erzählen. Der Job als Zöllner erlaubte ihm kleinere Nebentätigkeiten an seiner Arbeit vorbei. Das Bezahlen der Betreuung wäre ihm sicherlich möglich. Ich durfte sogar Marias Zimmer sehen. Da wohnte ein kleines Mädchen und so sah es auch aus. Im Bad stand ein wenig Schminkzeug herum. Walter war eine ehrliche Haut und erzählte mir mehr, als er hätte erzählen müssen. Wir verstanden uns. Es lief wahrlich nicht auf Erpressung hinaus, als ich ihn bat, in den nächsten Tagen das Geld zu zahlen, das er schuldete. Ich wusste ja nun, dass ihm das kein Problem bereiten würde. Das tat er dann auch.

Noch zweimal war ich bei Walter und einmal war auch Maria dabei. Es war einfach so, dass das Kind glaubte, dem Vater die entlaufene Frau ersetzen zu müssen und sich deswegen - mehr oder weniger - auffällig benahm. Sie himmelte ihren Vater an und wollte ihm gefallen. Was darüber hinausging, war einem unbegründeten Verdacht geschuldet. Ich war froh, niemanden offiziell verdächtigt zu haben. Dennoch war ich es mir und vor allem dem Kind schuldig, ein Auge darauf zu werfen. Das war Teil meiner Arbeit. Ich machte einen schriftlichen Bericht vom Entwicklungszustand des Mädchens und schilderte meine Eindrücke bezüglich des Vaters. Der ging an Elisa und ihre reizende Kollegin. Sozusagen Entwarnung.

Rolf war völlig aus dem Häuschen. Die Einladung von Elisa und Margot ging ihm sehr nahe und schien ihn in furchtbare Verlegenheit zu bringen.

„Ich weiß ja gar nicht, was die von mir wollen. Gehst du mit?"

„Es ist deine Einladung, aber wenn du willst, begleite ich dich natürlich. Sie haben ja gesagt, dass ich mitkommen kann. Mich nimmt ohnehin Wunder, welche von beiden es auf dich abgesehen hat."

„Rede nicht so dummes Zeug."

Wir würden sehen, wer dummes Zeug redete. Der Abend kam, und ich fuhr mit Rolf zu der Einladung.

Ich hatte mir ein altes Auto gekauft. Einen 380 SEL. Rotmetallic, mit weißen Ledersitzen. Eine herrliche Limousine. Außer, dass irgendetwas hinten komische Geräusche abgab, fand ich das Gerät Klasse.

Boris bewachte vom Rücksitz aus das Auto, während wir uns bei Elisa einfanden. Elisa war sehr spartanisch eingerichtet. Sie sagte später mal, bei ihr müsse alles in einen Koffer passen. Das Essen war vorzüglich. Kaum war es fertig, und wir hätten zur Konversation übergehen können, als es Rolf plötzlich so schlecht wurde, dass er sofort gehen musste. Das war sehr seltsam. Margot brachte ihn noch vor die Haustüre, danach war ich mit den beiden alleine. Es passierte nichts, außer dass wir uns unterhielten.

Margot sah hinreißend aus, aber der geistigen Beweglichkeit von Elisa hatte sie nichts entgegenzusetzen. Ich meine damit eher noch, dass Elisa bei Weitem die Gereiftere war und wusste, was sie wollte. Margot benahm sich im Gegensatz dazu eher wie ein kleines Mädchen. An dem Abend entschied sich meine Präferenz zugunsten von Elisa. Das sollte viele Jahre so bleiben und hat sich bis heute nicht geändert. Mit Elisa würde ich noch viele schöne gemeinsame Stunden und Tage verbringen.

In den letzten Jahren war das nicht mehr so intensiv, aber das lag weniger an ihr als an mir. Rolf versuchte mir noch zu erklären, warum er da so schnell abgehauen war, aber so ganz leuchtete mir davon nichts ein.

Ich erfuhr von Elisa, dass mit der Einladung gar nicht der Rolf gemeint war, sondern die beiden Frauen von Anfang an mich ausgeguckt hatten. Nun dachten sie strategisch und hatten dabei die Hierarchie unserer Einrichtung im Auge. Aus diesem Grund luden sie den Chef - also Rolf - ein und erlaubten dem Untergebenen - also mir - der Einladung ebenso Folge zu leisten. So kompliziert konnten doch nur Frauen denken. Das wäre mir so nicht in den Sinn gekommen.

Ich fuhr mal wieder zur Gräfin. Die beiden Söhne waren auch da und wir hatten einen schönen Nachmittag. Doch der Segen über dem Schloss hing schief. Da mussten Unsummen in ein mehrere hundert Quadratmeter großes Schieferdach gesteckt werden und anscheinend liefen die Geschäfte mit dem Wein auch nicht mehr so gut wie in der Zeit, als noch der Mercedes des Bankdirektors um das Gebäude herumgefahren war. Die Lage war angespannt und dennoch gaben sich alle optimistisch.

Einen Abend fuhr ich dann zu Karl. In der Stadt gab es eine griechische Kneipe, in der er sich wohl immer mal aufhielt. Der Wirt hieß Costa. Costa war nicht sehr groß und ging uns etwa bis zum Kinn. Auch hatte er sehr viel Respekt vor seiner Frau, die ihm hin und wieder mal mit einem Gummistiefel nachsetzte, wenn er wieder ihre Weisungen zu ignorieren versuchte. Bei meinen Besuchen dort mit Karl sollte ich bald merken, dass Costa öfter vor dem Stiefel Zuflucht in der Küche suchte. Auf jeden Fall zockten wir an diesem Abend und Karl hatte einen mächtigen Deckel. Ihm kam eine wenig glorreiche Idee, diesen Deckel auf elegante Weise loszuwerden.

„James, Costa, kommt mit. Ich muss pissen. Jetzt heißt es doppelt oder nichts. Los, Costa, wir zwei. Wenn du den Längeren hast, zahle ich doppelt. Wenn nicht, zahle ich nichts."

Karl ging wohl davon aus, dass kleine Männer einen Kleineren haben.

„Nur wenn James mitmacht", sagte Costa.

Der brauchte scheinbar einen, der seine Chancen zu gewinnen erhöhte.

„Klar, ich gehe mit."

Dass der Costa so bereitwillig auf den Vorschlag eingegangen war, hätte schon stutzig machen sollen. Wie nun der kleine Costa sein Ding da rausholte, pisste sich Karl fast auf die Schuhe.

An der Wette war ich ohnehin nicht beteiligt.

Ich fragte Costa: „Sollte das ein Bein werden oder was ist das?"

„Das ist mein Gummistiefel. Damit bekommt die Frau etwas von mir, wenn sie nicht hört." Karl zahlte die doppelte Summe seines bis dahin schon eindrucksvollen Deckels. Ein teurer Abend, aber lustig.

Tags darauf fuhr ich weiter zu Herrn Heuss. Er hatte Besuch, sodass ich mich nicht lange dort aufhielt. Er hatte wohl ein Kind zu sich genommen oder vorübergehend bei sich wohnen lassen. So ganz bekam ich das nicht mit, weil das Haus mit Leuten voll war und die Erklärungen zu den Ereignissen mir nicht ganz deutlich wurden. Auf jeden Fall sah ich ihn noch ganz kurz und verabschiedete mich alsbald. Ich fuhr wieder in die Schweiz.

Ich war mit Elisa zum Mittagessen verabredet. Sie stieg ins Auto und sah den Hund auf dem Rücksitz liegen.

„Oh, entschuldige. Ich hätte dir den Hund vorstellen sollen. Das ist Boris."

Sie war irritiert, das konnte ich sehen.

Später erklärte sie mir, dass der große Wagen mit dem großen Hund auf der Rückbank ihr den Eindruck eines Zuhälters vermittelt hätte. Das habe ihr einen ziemlichen Schreck eingejagt. Mich amüsierte das. Ich war nicht daran schuld, dass sie solche Bilder malte und Boris schon gar nicht. Als er ihr dann während der Fahrt zärtlich über den Hals leckte, wusste sie es besser. Wie der Herr, so das Gscherr.

Wir gingen am Abend noch etwa zwei Stunden durch den Hafen der Stadt spazieren. Zu meinem Pech hatte ich nagelneue Schuhe an, sodass ich nach einiger Zeit Schmerzen an den Fersen hatte. Nach einer Weile später fingen die Stellen an zu bluten. Trotzdem lief ich weiter. Zu Hause angekommen zog ich die Schuhe aus und

238

ließ mich von Elisa verarzten.

„Warum hast du nichts gesagt?"

„Ich fand es einfach schön mit dir."

Ein Sommerfest in der Tagesstätte brachte Abwechslung in das Geschehen. Manuel schien mir an den Leib gewachsen. Kein Foto, auf dem ich abgelichtet war ohne ihn. Dabei waren noch viele Kinder und auch Eltern da.

Die Stimmung war gut und ich scherzte mit unserer Köchin herum. Dabei musste ich wohl den Mund zu voll genommen haben, denn ich versprach für das ganze Haus Milchreis zu kochen. Ich sei Weltmeister im Milchreis kochen, so prahlte ich. Das durfte ich am nächsten Tag unter Beweis stellen.

Ich kochte mir wahrlich die Seele aus dem Leib. Rolf hatte der Köchin freigegeben, sodass sie gar nicht erst erschienen war. Aus einem riesigen Topf, der völlig für alle ausgereicht hätte, wurden zwei. Die Kinder taten hinterher – hoffentlich nicht nur aus Höflichkeit – als habe ihnen das Essen geschmeckt. Die Gaudi war auf jeden Fall groß. Zum Reis gab es Zucker mit Zimt und alternativ Apfelkompott.

Die Stadt hatte etwa fünfzehn Tagesstätten, mit denen ich ein großes Fußballturnier veranstaltete. Das zog sich über Wochen hin und es bedurfte einer umfassenden Logistik, um das auf verschiedenen Plätzen und in den diversen Stadtteilen stattfinden zu lassen. Das machte gewaltigen Spaß. Sogar in der Zeitung wurde der Deutsche lobend erwähnt. Ohne seine Initiative wäre eine so übergreifende Aktion nicht gelaufen. So war es zu lesen.

Mein alter Mercedes lief nicht mehr. Die Kardanwelle hatte schon längere Zeit Signale für ihren Ausstieg gegeben und nun war sie hin. Eine Reparatur hätte nicht im Verhältnis zum Wert des Wagens gestanden. Ich entschied mich für einen Neuwagen.

Einen Golf Turbo Diesel. Der fraß wenigstens nicht so viel Sprit. Die Kinder in der Tagesstätte waren mit mir nun knapp zwei Jahre älter geworden und würden auch weiterwachsen, wenn es mich nicht mehr gäbe. So sehr ich mich an den kleinen Manuel, an Maria und die anderen gewöhnt hatte, so sehr hatte ich doch gemerkt, dass meine Rechnung in der Zeit als Erzieher tatsächlich Null zu Null aufzugehen schien.

Ich brauchte den Beruf nicht mehr, um mich zu beweisen. Die Kinder und Jugendlichen kamen sehr wohl auch ohne mich aus. Es war an der Zeit, um mich aus einer langen Tradition des Heimwesens – passiv und aktiv – zu verabschieden. Im ersten sowie im zweiten Fall war ich nun jeweils sechzehn Jahre dabei. Ich war zweiunddreißig Jahre alt und wollte etwas, bei dem ich die Früchte meines Tuns sehen konnte.

Ich war nun ein Mann mit einer Vergangenheit und würde sicher auch eine Zukunft haben.

Das Leben hat keinen Sinn – außer man gibt ihm einen. Ich wollte leben. Das war zu der Zeit das Einzige, was klar war. Nun würde ich tatsächlich und wortwörtlich das Heim oder die Heime meiner Kindheit für immer verlassen. Auch meine Zeit als Erzieher war damit definitiv zu Ende.

Keine Möglichkeit mehr, flüchten zu können, wie unter den Rock der Mutter. Tränen liefen nur noch, wenn keiner dabei war. Ein Mann weint nicht. Wohin in Momenten der Schwäche? Wo lag der nächste Fluchtpunkt? Wohin sollte die Richtung überhaupt gehen? Als Kind hatte ich noch mein Bett. Als Erwachsener hatte ich Freunde, Selbstbewusstsein und Spaß am Tun. Dazu kam Erkenntnis als Gewinn.

Leben muss man lernen. Im Wesentlichen hatte ich gelernt, nachsichtig mit mir und anderen zu sein. Verzeihen ist wichtig. Man muss das Gute sehen wollen, um es leben zu können.

Mein Meisterstück machte ich meiner Mutter zum Geschenk.

Ich vergab ihr.

Alles was passiert, hängt von dem Plan ab, für den man sich entscheidet. Ich hatte mich von der Idee verabschiedet, so sein zu wollen, wie andere mich haben wollten, also konnte ich endlich auch die Richtung bestimmen.

Mal schauen, vielleicht würde ich in Zukunft mit Autos handeln, einen Musiktisch mit Stereoanlage bauen oder Wohnhäuser errichten. Ja, das mit den Häusern würde mir gefallen.

Ich hatte da so einen alten Lokomotivschuppen mit einem Wasserturm gesehen.

Warum sollte man darin nicht wohnen können? Das wär doch was.

Vielleicht könnte ich auch all das zusammen machen. Nacheinander und schön in Ruhe.

Es gibt für alles eine Zeit ...

Made in the USA
Charleston, SC
10 April 2016